Führungsstile

Arbeitshefte Führungspsychologie

Herausgegeben von Prof. Werner Bienert, Ludwigshafen und
Prof. Dr. Ekkehard Crisand, Wilhelmsfeld

Band 3

Führungsstile

Management by Objectives und situatives Führen

von

Dr. Rainer W. Stroebe
Dipl.-Psychologe
Wörthsee/Steinebach

6., überarbeitete Auflage 1999

Mit 20 Abbildungen und Tabellen

I. H. Sauer-Verlag GmbH
Heidelberg

1. Auflage 1979 – ISBN 3-7938-7625-X
2. Auflage 1983 – ISBN 3-7938-7703-5
3. Auflage 1990 – ISBN 3-7938-7020-0
4. Auflage 1992 – ISBN 3-7938-7083-9
5. Auflage 1996 – ISBN 3-7938-7152-5
6. Auflage 1999 – ISBN 3-7938-7220-3
(17. bis 20. Tausend)

Die Deutsche Bibliothek – CIP-Einheitsaufnahme

Stroebe, Rainer W.:

Führungsstile : Management by Objectives und situatives Führen ; mit Tabellen / von Rainer W. Stroebe. – 6., überarb. Aufl. – Heidelberg : Sauer, 1999

(Arbeitshefte Führungspsychologie ; Bd. 3)
ISBN 3-7938-7220-3

ISBN 3-7938-7220-3

Satz: Lichtsatz Michael Glaese GmbH, 69502 Hemsbach

Druck und Verarbeitung: Progressdruck GmbH, 67346 Speyer

Umschlagentwurf: Horst König, 67067 Ludwigshafen

∞ Gedruckt auf säurefreiem, alterungsbeständigem Papier, hergestellt aus chlorfrei gebleichtem Zellstoff (TCF-Norm)

Printed in Germany

Inhaltsverzeichnis

Zur Einführung

Im Band 2 „Grundlagen der Führung“ der Arbeitshefte Führungspsychologie haben wir uns mit drei Merkmalen der Führung auseinandergesetzt: *Führungskraft, Mitarbeiter* und *Gruppe*.

Unter anderem wurden folgende Fragen beantwortet:

- Was heißt „Führen“?
- Welche Einstellungen und Verhaltensweisen benötigen Führungskräfte, und welche Aufgaben nehmen sie wahr?
- Wie sollen sich Mitarbeiter verhalten, und wie lassen sich die Ursachen für abweichendes Mitarbeiterverhalten schnell und sicher ermitteln?
- Wann ist Gruppenarbeit sinnvoller als Einzelarbeit?
- Was heißt „Gruppendruck“?
- Wodurch zeichnet sich eine leistungsfähige Gruppe aus?

Dieses Heft setzt sich nun schwerpunktmäßig mit zwei weiteren Merkmalen der Führung, *„Ziel“* und *„Situation“*, auseinander.

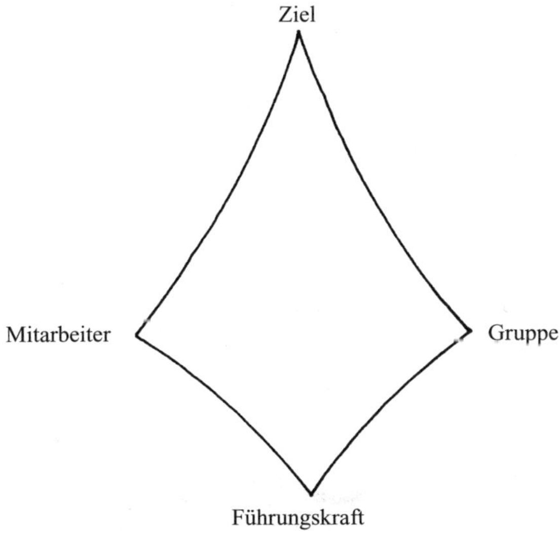

Abb. 1: Merkmale der Führung

Der Inhalt des Heftes ist aufgegliedert in fünf Teile. Im ersten Teil geben wir in knapper Form einen Überblick über die bekanntesten *Management-Techniken* oder „Management by's …“. Von diesen Methoden hat sich die Methode „Management by Objectives“ am besten bewährt. Der zweite Teil des

Heftes erklärt die Bedeutung einer *gemeinsamen Zielsetzung* von Unternehmen und Mitarbeitern und wie die Methode des „Management by Objectives" oder „Führen durch Zielvereinbarung" praktiziert werden kann. Im dritten Teil klären wir, warum ein *zielgerichtetes Vorgehen* für Unternehmen heute von besonderer Bedeutung ist und auch in Zukunft sein wird. Den vierten Teil bildet eine Zusammenfassung, und im fünften Teil erhalten Sie mit einer Checkliste Gelegenheit, sich selbst noch einmal zu kontrollieren und für Ihre Praxis Schlußfolgerungen aus diesem Arbeitsheft zu ziehen.

Unter anderem werden in den vier Teilen folgende Fragen beantwortet:

- Welche „Management by's ..." gibt es? Was sind ihre charakteristischen Merkmale?
- Was ist die gemeinsame Zielsetzung von Unternehmen und Mitarbeitern?
- Welche Bedeutung haben Ziele für den Führungsprozeß?
- Wie kommen gemeinsame Ziele zustande?
- Was heißt „Management by Objectives", und wie wird es praktiziert?
- Was sind Leistungsstandards? Was für Leistungsstandards gibt es?
- Wozu dienen Kontrollverfahren im Rahmen von „Management by Objectives"?
- Was erfordert die Einführung von „Management by Objectives" in ein Unternehmen?
- Welche Vorteile bringt „Management by Objectives" für die Motivation der Mitarbeiter?
- Welche Bedeutung hat die jeweilige Situation für die Zielerreichung?
- Was kennzeichnet unsere heutige und künftige Situation?
- Welche Konsequenzen ergeben sich daraus für Führungskräfte?

Zunächst noch zwei methodische Hinweise:

1. Vergleichen Sie bitte das, was Sie lesen, mit Ihren eigenen Erfahrungen. Bauen Sie auf diesen auf. Beachten Sie dabei: Jede Praxis sollte auf guter Theorie beruhen, sonst sind wir Kapitäne ohne Karte und Kompaß. Glauben Sie aber andererseits nicht, wir könnten Ihnen Rezepte liefern, denn auch eine Karte gibt oft nur eine grobe Orientierung, und ein Kompaß zeigt auch nicht an, ob eine Straße in die aufgezeigte Richtung führt.
2. Wenden Sie das, was Sie lesen, bitte praktisch an. Beginnen Sie bei sich selbst. Sehen Sie sich selbst als Teil Ihrer Führungsprobleme. Handeln Sie bitte nach dem Motto: „Wenn ich nicht bei mir selbst anfange, bei wem sonst?"

Warum diese methodischen Hinweise?

Genau wie Sie möchten wir, daß die Zeit und Energie zum Bearbeiten dieses Heftes Ihnen Erfolg bringt, daß Sie „Hilfe zur Selbsthilfe" erhalten.

I. Teil: Management-Techniken im Überblick

In den letzten Jahren sind zahlreiche „Management by's ..." aufgetaucht. Häufig wurden einzelne Techniken als das „non plus ultra" verkauft und aufgenommen. Wie das Schaubild „Management-Techniken im Führungsprozeß" (Seite 10) zeigen will, kann keine der Techniken – für sich allein angewendet – ein geschlossenes Führungskonzept bieten. Die Techniken ergänzen sich gegenseitig.

Einige der dargestellten Techniken allerdings weisen größere Geschlossenheit auf. Beispielsweise:

- Management by Objectives,
- Management by Delegation,
- Management by Exception,
- Management by Systems.

Diese vier Techniken stellen wir auf den folgenden Seiten jeweils in knapper Form dar. *Management by Objectives*, als die wohl am besten bewährte Methode, wird danach im zweiten Teil des Heftes unter Führungsaspekten näher erläutert, während sich der mehr arbeitsmethodische Aspekt in Band 7 (Arbeitsmethodik I) dieser Reihe findet.

Grundlage für alle im Schaubild (Seite 10) dargestellten Techniken ist *Kommunikation*. Auch hierzu finden Sie im Rahmen dieser Reihe detaillierte Information in den Heften 5 (Kommunikation I) und 6 (Kommunikation II).

Die weiteren im Schaubild aufgezeigten „Management by's ..." haben sich über eine schlagwortartige Verwendung hinaus nicht durchgesetzt. So will beispielsweise „Management by Alternatives" sagen, daß eine Suche nach Alternativen unter Berücksichtigung technischer und auch psychologischer Aspekte konsequenter durchgeführt werden kann. Eine Fülle von Möglichkeiten bietet sich hier an – beispielsweise Kreativitätstechniken. Ähnlich ist es bei den anderen „Management by's ...". Aus diesem Grunde werden wir derartige Techniken nur am Rande streifen.

Anzumerken ist noch, daß dem mehr oder minder kooperativen Charakter der bisher genannten Systeme das *„Management by Control and Direction"* entgegengerichtet ist. Eine moderne Umschreibung für den autoritären Führungsstil: Nachgeordneten Mitarbeitern werden möglichst wenig Kompetenzen eingeräumt. Ein System von genauen Arbeitsanweisungen und Kontrollen unterdrückt jegliche Eigeninitiative. Ständiger Druck ist zur Stabilisierung notwendig. Eine sarkastische Umschreibung findet dieser Stil als

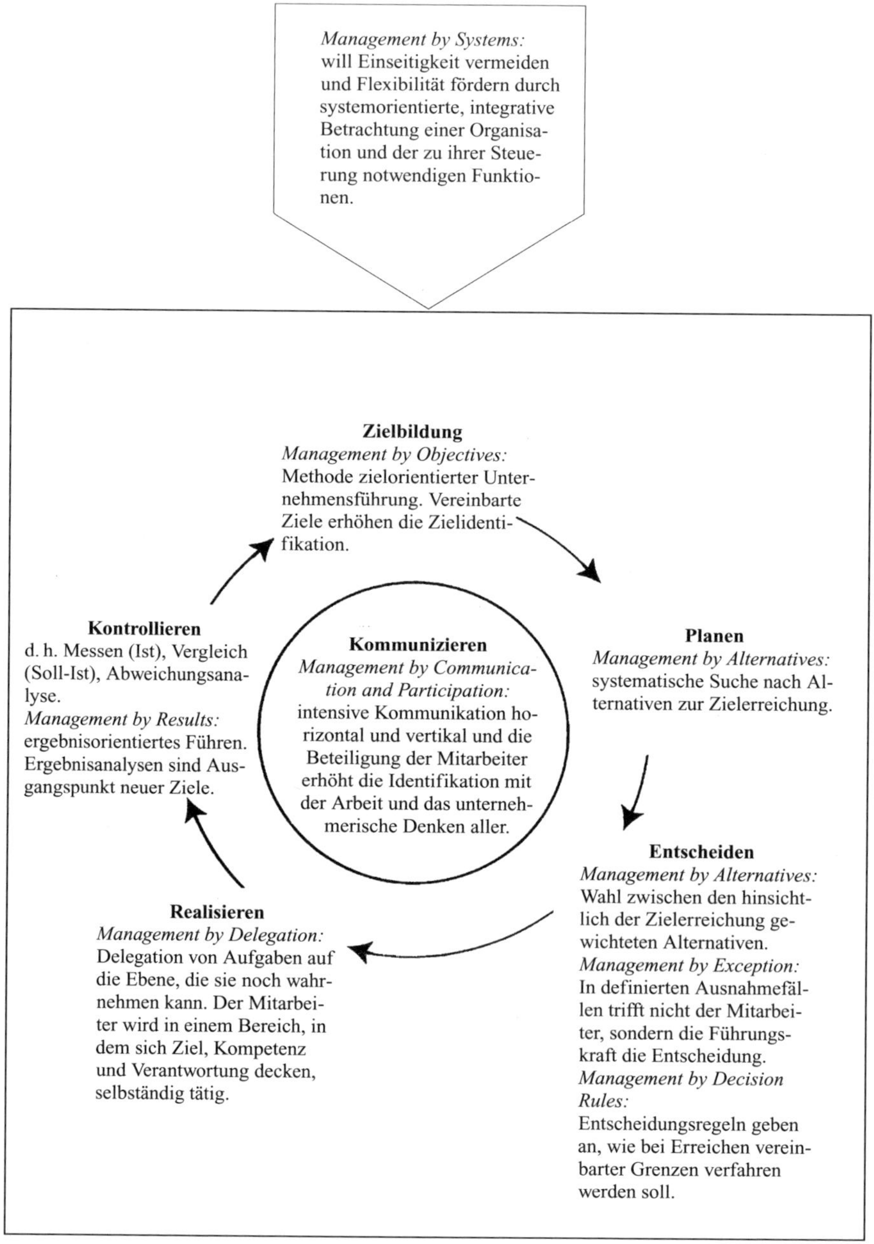

Abb. 2: Management-Techniken im Führungsprozeß

„Management by Champignons“ oder auch „Management by Spargel“: Die Mitarbeiter schön im Dunkeln halten, viel Mist darauf streuen und die Köpfe, wenn sie allmählich aus dem Mist herauswachsen, schnell abhacken. Dieses System ist für beide Parteien sehr anstrengend, führt in letzter Konsequenz zu einem „Management by Herzinfarkt“ und widerspricht einer humanistischen Menschenführung.

Wieweit Management-Techniken in der Praxis angewendet werden können, ist auch eine Frage der jeweiligen *Situation.* Nützliche Fragen hierzu sind beispielsweise:

- Was ist das für eine Organisation, eine Abteilung, in der ich arbeite? Was läßt sie noch nicht und was läßt sie schon zu?
- Welche Techniken sind bekannt und/oder erprobt und welche nicht?
- Wie ist die Arbeitsweise, was kann daran verbessert werden?
- Wie stehen Führungskräfte und Kollegen Änderungen gegenüber?
- Wie „reif“ sind meine einzelnen Mitarbeiter für den Einsatz von Management-Techniken?
- Wie „reif“ ist die Gruppe, die ich führe?
- Welche Herausforderungen muß ich für den einzelnen oder die Gruppe schaffen, um mehr Beteiligung und selbständige Entscheidungen zu erreichen?
- Wo liegen meine eigenen Stärken und Schwächen?

Abb. 3: „Wie stehen Führungskräfte und Kollegen Änderungen gegenüber?“
(Mit freundlicher Genehmigung von Dieter Hanitzsch, München)

Kooperation kann in unterschiedlichen Situationen unterschiedlich aussehen. Das meinen wir mit kooperativ-situativem Führungsstil. Der Hinweis auf die „Situation“ soll allerdings nicht Ausreden fördern wie: „Meine Situation zwingt mich ja, so zu handeln“. Dies wäre Wasser auf die Mühlen autoritärer Führungskräfte.

Nun zu den wichtigsten Techniken im einzelnen:

1. Management by Objectives (MbO)

„Die wissen, wo das Tor steht“ (*K. H. Riedle* über Manchester United).

Management by Objectives oder Management durch Zielvereinbarung ist eine Methode zielorientierter Unternehmensführung. Sie strebt eine effiziente Zielerreichung an und kann als Gegenbewegung gegen Bürokratie und reine Verfahrensorientierung verstanden werden. MbO ist zukunfts- und ergebnisorientiert. Maßgebend ist nicht, „was“ jemand tut, sondern „wie“ effizient jemand arbeitet und vor allem „wozu“ er etwas tut. Erfolg drückt sich nicht in der Menge der geleisteten Arbeit, sondern in Zielerreichung aus.

Wie geht man beim Führen durch Zielvereinbarung vor? Aus dem *Gesamtziel* einer Organisation werden *Unterziele* abgeleitet. Da sich Ziele verändern, ist MbO ein ständiger Prozeß. Die Zielformulierung erfolgt von oben nach unten und umgekehrt im „Gegenstromverfahren“. Die Zielformulierung wird zwischen Führungskräften und ihren direkten Mitarbeitern – die ja selbst wieder Führungskräfte sein können – gemeinsam vorgenommen. Daher „Zielvereinbarung“ statt „Zielvorgabe“. Es wird dabei davon ausgegangen, daß gemeinsam formulierte Ziele zu größerer Zielidentifikation des Mitarbeiters führen und hierdurch eine größere Anreizwirkung entsteht, an der Zielerreichung mitzuarbeiten. Auch werden die Ziele realistischer:

- Deshalb schlagen die Mitarbeiter die Ziele selbst vor, die sie erreichen wollen. Denn: Zum Ziel kommt nur, wer eins hat.
- Es werden nicht mehr als 3 bis 7 Ziele ins Auge gefaßt, um Überforderung zu vermeiden.
- Die Ziele werden durch Leistungsstandards präzisiert, die angeben, wann die Ziele als erreicht gelten.
- Gemeinsam festgelegte Kontrolldaten und -verfahren dienen dazu, die Zielerreichung zu kontrollieren.
- Die Maßnahmen zur Zielerreichung werden – abhängig von ihrem Reifegrad – durch die Mitarbeiter bestimmt. Bei der Durchführung kontrollieren sie sich reifegradspezifisch selbst.

Die Einführung kann schrittweise in einzelnen Teilbereichen einer Unternehmung beginnen. Sie erfolgt ohne Zwang, da sonst gegen das Prinzip der Zielvereinbarung verstoßen wird. MbO empfiehlt sich im Laufe der Zeit von selbst zur Nachahmung. Die forcierte Übernahme von MbO aufgrund eines übersteigerten Perfektionismus kann zum Scheitern führen. Als Mindestzeitraum für die Einführung sind ca. 18 Monate anzusetzen.

Folgende Gesichtspunkte sind bei MbO besonders zu beachten:

- Unternehmensziele und persönliche Ziele werden weitestmöglich durch Vereinbarung in Einklang gebracht, da sonst die Antriebskraft der Ziele verlorengeht.
- Die Zielformulierung muß präzise sein. Schwierigkeiten können auftreten beim Formulieren quantitativer Zielsetzungen.
- Ziele dürfen nicht Selbstzweck werden, sondern werden in Märkten mit „moving targets“ auf ihre Aktualität hin überprüft.
- Integrierte Ziele zwischen Einheiten – also horizontal – werden zusätzlich zur Zielbestimmung zwischen Chef und Mitarbeiter definiert. Wie verträgt sich mein Ziel mit den Zielen anderer? (*R. v. Weizäcker:* „Freiheit ist nicht lebensfähig ohne Solidarität).

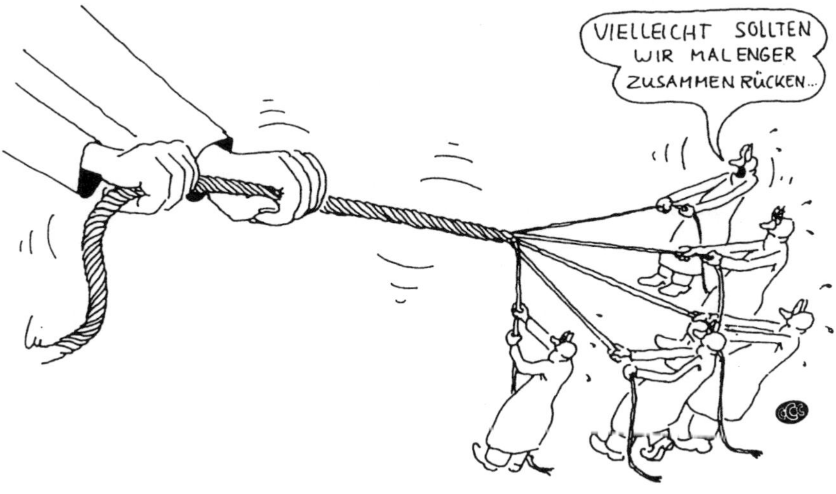

Abb. 4: „Integrierte Ziele werden definiert.“
(Quelle: Erik Liebermann/Cartoon-Caricature-Contor München)

- Notwendig sind abgestimmte Zielbereiche, Verantwortungsbereiche und Befugnisse und eine entsprechende Qualifikation des Mitarbeiters. Management by Objectives lebt von Delegation.
- Die Führungskraft regiert nicht in den Zielbereich des Mitarbeiters hinein. MbO wird daher ergänzt durch Management by Exception zur Festlegung von Ermessensspielräumen des Mitarbeiters.

- Der Anteil des einzelnen und der Anteil der Gruppe an der Zielerreichung geht in eine Leistungsbeurteilung ein: Ziele setzen das Verhalten in Gang, Konsequenzen für das Erreichen der Ziele halten es in Gang.

So werden wesentliche Vorteile durch MbO erzielt:

- Führungskräfte werden frei für Führungsaufgaben. „Einsame" Entscheidungen und Einzelanweisungen werden hinfällig. Da die Ergebnisse zu vereinbarten (Zwischen-)Terminen reifegradspezifisch kontrolliert werden, wird die übrige Kontrolle in Form von Selbst- und Ergebniskontrolle an den Mitarbeiter delegiert.
- Die Mitarbeiter haben ihren eigenen Entscheidungsspielraum und werden stärker gefordert. Die Zielidentifikation motiviert zu eigenem Management-Denken.
- Lernprozesse der Beteiligten werden berücksichtigt.
- Leistungsbeurteilung und Personalentwicklung kann sich an klaren Zielen orientieren.
- Als Organisationsform eignet sich besonders das Profit-Center, da es eigenständige Abrechnungsbereiche beinhaltet.

Fazit: Das Führen durch Vereinbaren präziser Ziele ist wesentlich zeit-, energie- und kostensparender als das Führen mittels Einzelanweisungen und Aufgabenbeschreibungen.

Eng verwandt mit MbO ist *Management by Results*, das ebenfalls mit ergebnisorientierter Führung übersetzt werden kann. Ergebnisanalysen in sämtlichen Bereichen sind Ausgangspunkte für zukünftige Ziele. Produktanalyse (rentable und unrentable Produkte heute und in Zukunft) und Kostenkontrolle verfolgen das Ziel, das Unternehmen auf gewinnträchtige Bereiche zu konzentrieren.

2. Management by Delegation (MbD)

Management by Delegation oder Führung durch Delegation von Verantwortung und Entscheidungskompetenzen (Harzburger Modell oder „Führung im Mitarbeiterverhältnis" nach dem Begründer *Reinhard Höhn*) will den Führungsstil durch Befehl und Einzelauftrag abschaffen.

Dazu erhält jeder Mitarbeiter seinen eigenen Delegationsbereich, in dem sich zu erreichende Ziele, Kompetenzen und Verantwortung decken. Die Mitarbeiter sind innerhalb dieses Bereiches selbständig tätig. Entscheidungen werden auf der Ebene getroffen, zu der sie gehören. Führungskräfte, die zugleich Mitarbeiter anderer Führungskräfte sind, nehmen sowohl Führungs- als auch Sachaufgaben wahr. Für die Führungsaufgaben trägt die

Führungskraft Führungsverantwortung. Für die Sachaufgaben trägt der Mitarbeiter Handlungsverantwortung. Die Führungskraft nimmt Verantwortung nicht von den Mitarbeitern zurück. Der Mitarbeiter delegiert Verantwortung nicht an die Führungskraft zurück. Außergewöhnliche Fälle bespricht der Mitarbeiter mit der Führungskraft.

Um diese Anforderungen sicherzustellen, gibt es bei MbD ein umfangreiches System von Führungsmitteln:

- *Allgemeine Führungsanweisung*: In ihr sind die Prinzipien des Harzburger Modells in allgemeinverbindlicher Form festgelegt. Sie legt fest, wie Führungskräfte zu führen haben.
- *Stellenbeschreibung*: In ihr sind Aufgaben, Rechte und Pflichten des Mitarbeiters niedergelegt.
- *Informationsplan*: Wann und wie hat eine Führungskraft den Mitarbeiter zu informieren?
- *Informationskatalog*: Wann und wie ist die Führungskraft durch den Mitarbeiter zu informieren?
- *Querinformationskatalog*: Gegenseitige Informationspflichten der Mitarbeiter.
- *Dienstbesprechung*: Die Führungskraft informiert die Mitarbeiter über Entscheidungen, gibt Anweisungen, spricht Kritik und Anerkennung aus. Die direktive Einstellung des Harzburger Modells wird nicht zuletzt hier deutlich: Die Dienstbesprechung hat kaum den Charakter einer Aussprache, sondern ist einseitig auf den Chef ausgerichtet.
- *Mitarbeitergespräch oder Mitarbeiterbesprechung*: Informationsaustausch, dient insbesondere zur Entscheidungsvorbereitung in außergewöhnlichen Fällen
- *Dienstaufsicht*: Kontrolle des Arbeitsverhaltens der Mitarbeiter mit Hilfe von Stichproben. Im Vergleich zu MbO wird hier auch das fachliche Verhalten des Mitarbeiters kontrolliert. Der Mitarbeiter wird nicht der Selbst- und Ergebniskontrolle überlassen.
- *Erfolgskontrolle*: Kontrolle der Arbeitsergebnisse durch Soll-Ist-Vergleich wie bei MbO und MbE.
- *Regeln zur Kontrolle*:
  - Die Führungskraft kontrolliert die ihr direkt unterstellten Mitarbeiter.
  - Die Führungskraft ist zur Kontrolle verpflichtet.
  - Die Kontrollfunktion ist nicht delegierbar.
  - Die Kontrolle erfolgt nach einem geheimen Kontrollplan.
  - Die Kontrollergebnisse werden in einer Kontrollakte festgehalten.

Das System ist problematisch und wird daher kritisiert:

- Delegation wird häufig mit „Abschieben“ von uninteressanten Aufgaben verwechselt.
- Die Techniken sind formalistisch überspitzt. Daher rührt oft eine buchstabengetreue Anwendung von Vorschriften und damit die Tendenz zu mehr aufgaben- als zielorientiertem Denken.
- Bereichsdenken wird mehr gefördert als übergreifendes Denken.
- Der Papierkrieg nimmt überhand; insbesondere in Stellenbeschreibungen werden Aufgaben detailliert geschildert – nicht Ziele.
- Führungskräfte greifen in die Arbeit ihrer Mitarbeiter ein.
- Verantwortung wird von Mitarbeitern gelegentlich an den Chef zurückdelegiert. Der Mitarbeiter trägt mehr „Ausführungs-“ als Handlungsverantwortung.

Abb. 5: „Der Papierkrieg nimmt überhand – insbesondere in Stellenbeschreibungen werden oft Aufgaben detailliert geschildert – nicht Ziele.“

(Quelle: Erhard Dietl/Cartoon-Caricature-Contor München)

- MbD ist nur bedingt motivierend, da der Selbstkontrolle des Mitarbeiters nur wenig Raum gelassen wird.
- Die Kontrolle dient mehr dazu, negative Abweichungen festzustellen, als positives Verhalten zu verstärken. Kritiker nennen das System daher auch „versteckt autoritär".
- Der Einfluß informeller Kommunikation ist nicht genügend berücksichtigt.
- Rein formelle, hierarchische Kommunikation bleibt erhalten.
- Durch die Art der Informationsverteilung behält der Vorgesetzte ein Entscheidungsmonopol.
- Gemeinsame Entscheidungen treten in den Hintergrund.
- MbO und MbE, die beide Delegation einschließen, sind daher MbD vorzuziehen.

3. Management by Exception (MbE)

Management by Exception oder Führung nach dem Prinzip der Ausnahme entlastet Führungskräfte: Sie greifen nur in Ausnahmefällen ein. Mitarbeiter handeln in vereinbarten Spielräumen selbständig.

Alle Aufgaben, die eine Führungskraft nicht selbst wahrnehmen muß, werden delegiert. Nur wenn Ausnahmesituationen eintreten, die nicht innerhalb des Entscheidungsspielraumes des Mitarbeiters liegen, darf die Führungskraft eingreifen. Eine Ausnahmesituation liegt dann vor, wenn der Ermessensspielraum des Mitarbeiters überschritten wird. Fälle, die sich innerhalb des Ermessensspielraumes des Mitarbeiters bewegen, sind Normalfälle, die der Mitarbeiter selbst regelt. Ausnahmefälle werden der Führungskraft mitgeteilt. Dies setzt ein gutes Informationssystem voraus. Das Eintreten von Ausnahmen kann zur Neudefinition von Zielen führen.

Durch ein solches Vorgehen werden Führungskräfte von Routineentscheidungen entlastet und frei für andere Führungsaufgaben. Der Mitarbeiter hat innerhalb seines Ermessensspielraumes mehr Eigenverantwortung. Da er jedoch nicht alle Entscheidungen selbst zu treffen hat, wird einer Überforderung vorgebeugt. Ausnahmefälle werden durch ein entsprechendes Informationssystem schnell gemeldet.

Probleme können vermieden werden, wenn folgende Punkte beachtet werden:

- MbO und MbE ergänzen sich gegenseitig. MbE benötigt klare Ziele, und MbO wird durch das Festlegen von Ausnahmefällen und Toleranzbereichen ergänzt.

- Ausnahmefälle können zu eng definiert werden.
- Verzögerungen im Kommunikationssystem können ein rasches Eingreifen der Führungskraft behindern.
- Wenn die Führungskraft nur wenig oder gar keine Informationen über Vorgänge innerhalb des Ermessensspielraumes des Mitarbeiters erhält und zu wenig konsultiert wird, können Abstimmungsschwierigkeiten entstehen.
- Da die Mitarbeiter nur Ausnahmefälle melden, sprechen sie mit ihrem Chef womöglich nur über Mißerfolgserlebnisse. Auch das als selbstverständlich angesehene Handeln innerhalb des Ermessensspielraumes ist also anzuerkennen.

4. Management by Systems und das Modell des Regelkreises

Management by Systems kann mit „systemorientierter Führung" übersetzt werden.

Jedes System kann wieder Subsystem eines übergeordneten Systems sein. Um ein System näher beschreiben zu können, müssen seine *Variablen* näher untersucht werden. Die Inputvariablen beschreiben die Eingänge in das System, die Outputvariablen die Ausgänge aus dem System, und die intervenierenden Variablen bedeuten die inneren Zustände des Systems. Sie sind für die Umsetzung der Inputvariablen in die Outputvariablen verantwortlich. Eine so allgemeine Sprache ermöglicht die Erklärung spezifischer Inhalte, beispielsweise die Untersuchung eines Unternehmens.

Ein Unternehmen wird als zielgerichtetes offenes soziotechnisches System gesehen. Zielgerichtet, weil ein Unternehmen nicht Selbstzweck ist, sondern der Erfüllung bestimmter Ziele dient. Die Ziele selbst können zu einem Zielsystem zusammengefaßt werden. Der soziale Charakter einer Unternehmung ergibt sich durch die in ihr tätigen Individuen und Gruppen, der technische Aspekt durch die technischen Elemente: Maschinen, Prozesse usw. Offenheit bedeutet, daß das Unternehmen mit seiner Umwelt in wechselseitigen Beziehungen verbunden ist.

Inputvariable können sein: Material, Energie, Informationen.

Outputvariable sind z. B. Material, Produkte, Dienstleistungen, Information, Energie.

Die *intervenierenden* Variablen lassen sich in drei Gruppen unterteilen:

- Variable, die die Systemelemente beschreiben, z. B. Qualifikation der Mitarbeiter, Alter und technische Eigenschaften der Anlagen.

– Variable, die die Beziehungen der Systemelemente zueinander beschreiben, z. B. die Machtstruktur, die Kommunikationsstruktur.
– Variable, die die Prozesse beschreiben, die im System ablaufen.

Von den zahlreichen Subsystemen einer Unternehmung lassen sich nach *Katz* und *Kahn* folgende unterscheiden:

– Das Produktionssystem, in dem Inputs (Informationen, Produktionsfaktoren) in Outputs (Güter und Dienstleistungen) umgesetzt werden.
– Das Versorgungssystem. Zu ihm gehören u. a. Beschaffung, Absatz, Transport, Public Relations.
– Erhaltungssystem, also alle personalwirtschaftlichen Aufgaben, wie z. B. die Mitarbeiterauswahl.
– Das Anpassungssystem, das sich mit der Wahrnehmung von Umweltveränderungen auseinandersetzt, z. B. die Marktforschung.
– Das politische System, das zur Koordination der übrigen Subsysteme dient.

Diese Systeme können selbst wieder in Subsysteme und Elemente zerlegt werden und in ihren inneren Beziehungen zueinander untersucht werden. Das bringt folgende Vorteile mit sich:

– *Klarheit über alle zu einem untersuchten System gehörenden Subsysteme,* Elemente und Variablen und damit die Möglichkeit, alle diese Faktoren so weit wie möglich auf das Systemziel hin auszurichten. Also mehr Transparenz und bessere Kommunikation zum Zweck einer Integration auf das gemeinsame Ziel hin. Schwachstellen, Ressortegoismus und Kästchendenken werden leichter überwunden.
– Bei der Unternehmensberatung Zehnder arbeiten alle für ein gemeinsames Profit-Center, aus dem sie gleichermaßen bezahlt werden. Das Honorarvolumen des einzelnen hat auf sein Einkommen keinen Einfluß. Bei Zehnder ist es genausoviel wert, einem Kollegen zu helfen wie selbst einen Kandidaten zu plazieren. Jeder Zehnder-Berater macht in diesem System 900 000 Dollar Umsatz/Jahr. Der Durchschnitt der besten 20 anderen Beratungen liegt bei 577 000 Dollar.
– *Verknüpfung der untersuchten Systeme auf das Organisationsziel hin.* Die unternehmerischen Aktivitäten werden so besser aufeinander abgestimmt und damit effizienter an die Umwelt herangetragen. Die Flexibilität eines Unternehmens wird dadurch erhöht.

Die kybernetische Betrachtung versucht, den Führungsprozeß in Form eines Regelkreismodells darzustellen. Ein Regelsystem besteht in der einfachsten Form aus einem Regler (z. B. Geschäftsführung) und dem Regelobjekt (z. B.

Maschinen, Material, Produkte, Mitarbeiter). Das Regelobjekt kann selbst wieder Regler (z. B.: Betriebsleiter) in bezug auf ein anderes Regelobjekt (z. B.: Meister) sein. Zwischen Regler und Regelobjekt bestehen Wechselbeziehungen. Mit Hilfe von „Stellgrößen“ wirkt der Regler auf das Regelobjekt ein, um die „Ist-Größen“ (tatsächlich erreichte Werte) den „Soll-Größen“ (Ziele) anzunähern. Die Kontrolle erfolgt durch Messen der Ist-Größen und durch Vergleich dieser Größen mit den Soll-Größen. Der Soll-Ist-Vergleich und die anschließende Abweichungsanalyse decken die Ursachen für die Abweichungen zwischen Zielen und tatsächlicher Zielerreichung auf. Daraus resultieren möglicherweise Korrekturinformationen, die sogenannte Regelgröße, die in Form einer Rückkopplung (feedback) dem Regler zugeleitet werden und zur Veränderung der Ziele, der Planungsmaßnahmen, der Entscheidungsmodalitäten, der Durchführung und der Kontrollprozesse führen kann. Neben den vergangenheitsorientierten Werten wirken zukunftsorientierte Werte wie z. B. Nachfrageentwicklung und mögliches Konkurrenzverhalten als Vorkopplung (feed-forward) auf den Zielbildungsprozeß ein.

Die einzelnen Teile von Organisationen können als Regelkreise betrachtet werden. Das Unternehmen ist dann ein System, das aus miteinander verzahnten Untersystemen besteht. Diese Verzahnung nennt man Vermaschung. Die Kooperation ist um so besser, je besser eine Organisation vertikal und horizontal vermascht ist.

Auch die einzelnen Management-Funktionen lassen sich, wie Abbildung 6 (Seite 21) zeigt, in Form eines Regelkreises miteinander verbinden.

In den einzelnen Phasen dieses Prozesses werden

Zielinformationen, Alternativinformationen, Prognoseinformationen, Vorgabeinformationen und Kontrollinformationen

gewonnen, gespeichert und zugeführt. Da Fehlinformationen sich beim Durchlaufen der nachgeschalteten Regelkreise potenzieren können, ist ein wirksames Informationssystem Voraussetzung.

Die Bedeutung des Regelkreises liegt primär in folgenden drei Punkten:

- Da der Regelkreis „Modellcharakter“ hat, eignet er sich sehr gut dazu, komplexe Zusammenhänge in den Griff zu bekommen, wie z. B. Analyse von Führungsproblemen, Neugestaltung von Arbeitsabläufen, Aufbauorganisationen, Gestaltung von Arbeitsplätzen.
- Der Regelkreis bezieht alle Führungsfunktionen ein.
- Der Regelkreis fördert das Denken „über den Tellerrand hinaus“.

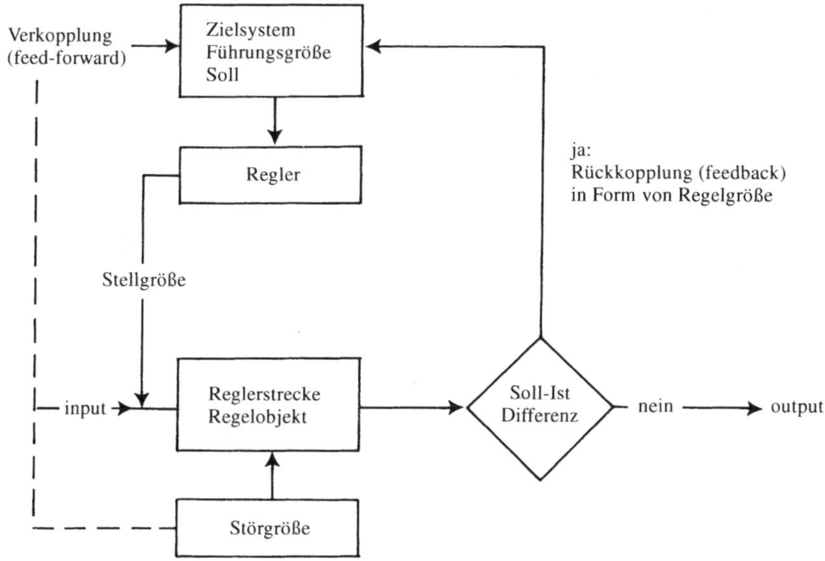

Abb. 6: Modell des Regelkreises

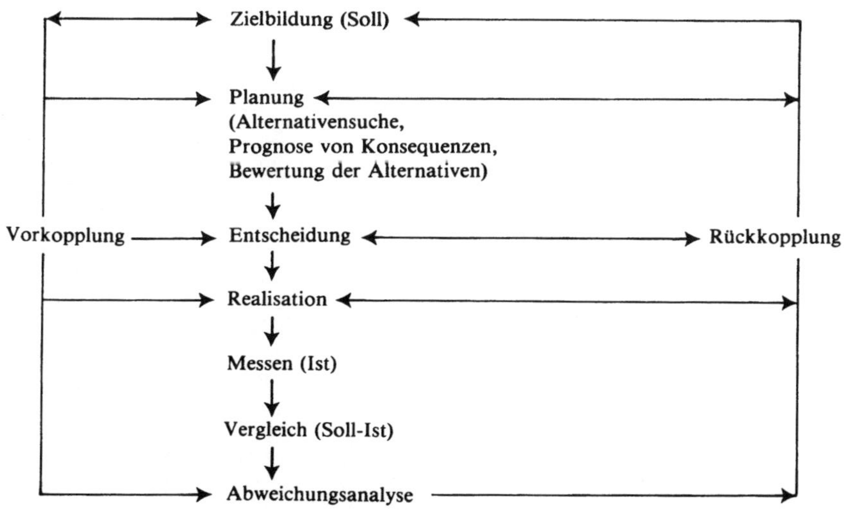

Abb. 7: Management-Funktionen im Regelkreis

II. Teil: Management by Objectives oder Führen durch Zielvereinbarung

„Habe ich Ziele, die meinen Einsatz wert sind?“

1. Was ist die gemeinsame Zielsetzung von Unternehmen und Mitarbeitern? Welche Bedeutung hat sie für den Führungsprozeß?

Im Band 2 dieser Reihe „Grundlagen der Führung“ haben wir „Führen“ definiert. Führen heißt „einen Mitarbeiter bzw. eine Gruppe unter Berücksichtigung der jeweiligen Situation auf gemeinsame Werte und Ziele hin beeinflussen“. Drei Merkmale der Führung, nämlich „Führungskraft“, „Mitarbeiter“ und „Gruppe“ haben wir näher betrachtet. Wir kommen nun zum vierten Merkmal der Führung, der „gemeinsamen Zielsetzung“.

Was heißt „gemeinsame Zielsetzung“? Gemeinsam ist etwas dann, wenn zumindest zwei daran beteiligt sind. Schon in Band 2 sprachen wir vom Unternehmen als einer Leistungsorganisation. In einem marktwirtschaftlichen System ist eines der Unternehmensziele die *Leistung*. Andererseits ist ein Unternehmen auch eine *Sozialorganisation*, weil letztlich die Mitarbeiter entscheidend für die Leistung sind.

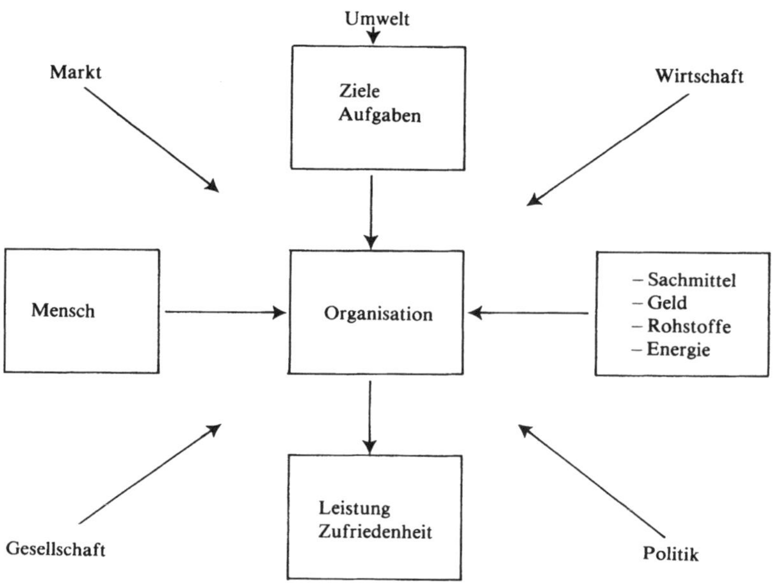

Abb. 8: Einflüsse auf eine Organisation

Aufsichtsrat, Vorstand und Betriebsrat der Bertelsmann AG beispielsweise gaben dem Unternehmen eine Verfassung, die die Ziele des Unternehmens, seinen gesellschaftlichen Standort und die Grundsätze der Zusammenarbeit im Unternehmen bestimmt. Einer der Kernsätze lautet: „Die Arbeit des Unternehmens ist danach zu beurteilen, ob sie dem Menschen dient; dem einzelnen Menschen ebenso wie der Gesellschaft."

Leistung soll also dem Menschen dienen, dessen Ziel es ist, zufrieden zu sein, was nicht verwechselt werden darf mit Sattheit. Die gemeinsame Zielsetzung von Unternehmen und Mitarbeitern heißt also Leistung und Zufriedenheit.

Die erste Voraussetzung für Leistung sind Ziele. Denn: „Wer nicht weiß, wohin er will, darf sich nicht wundern, wenn er ganz woanders ankommt."

Beantworten Sie bitte die folgenden Fragen:

Antwort / Frage	ja	kaum	wahrscheinlich nein
1. Sind Ihre Manager in der Lage, die drei wichtigsten kurz-, mittel- und langfristigen Unternehmensziele aufzuschreiben?			
2. Decken sich diese Ziele bei allen diesen Managern?			
3. Verfügen Ihre Manager und Mitarbeiter über meßbare Ziele zur Selbstkontrolle?			
4. Kennen Ihre Manager ihren jeweiligen Mindestbeitrag zur Sicherung des Unternehmens?			
5. Können Ihre Manager spontan die sechs Aufgaben nennen, die am stärksten zur Erreichung ihrer Ziele beitragen?			

Wenn Sie bei allen fünf Fragen eher mit „kaum" oder „wahrscheinlich nein" geantwortet haben, dann lohnt es sich, *Theodor Fontane* zu berücksichtigen:

„Man muß es so einrichten, daß einem das Ziel entgegenkommt."

Präzisieren wir das:

- Ohne Ziele gibt es keine gezielten Informationen.
- Ohne Ziele gibt es keine Planung. Es wird nur mit „der Stange im Nebel herumgestochert".
- Ohne Ziele gibt es keine Entscheidung; es wird überhaupt nicht, zögernd oder wahllos gehandelt.
- Ohne Ziele gibt es keine gesteuerte Realisation. Man arbeitet hart, aber mit einer diffusen Vorwärtsstrategie ins Ungewisse: „Der Mensch ist ein zielstrebiges Wesen – meist strebt er zuviel und zielt zu wenig."
- Ohne Ziele gibt es keine Kontrolle. Es gibt keinen Vergleich zwischen der Zielsetzung und dem erreichten Ergebnis. Es fehlt der Maßstab.
- Ohne Ziele gibt es keine oder eine nur unzureichende Korrektur sachlicher Mängel, also keine Verbesserung und Innovation von Verfahren.
- Ohne Ziele gibt es keine oder nur unzureichende Korrektur menschlicher Mängel, beispielsweise durch Training oder Umsetzen an einen anderen Arbeitsplatz.
- Ohne Ziele gibt es somit keine Anpassungsfähigkeit und Flexibilität.

Abb. 9: „Ohne Ziele gibt es keine gesteuerte Realisation – man arbeitet hart, aber mit einer diffusen Vorwärtsstrategie in's Ungewisse."
(Quelle: Karl-Heinz Brecheis/Cartoon-Caricature-Contor München)

Neben Zielen ist die *zweite Voraussetzung* für Leistung das *Enagement der Mitarbeiter*. Wie eine Untersuchung des US-Bundesministeriums für Gesundheit, Bildung und Wohlfahrt bestätigt, sind Folgen allgemeiner Arbeitsunzufriedenheit verringerte Arbeitsleistung, steigende Abwesenheitszahlen, ja Sabotage. Denn: „Business ist nichts anderes als ein Knäuel menschlicher Beziehungen" (*Iacocca, L.,* 1988, S. 95).

Die Zufriedenheit des Mitarbeiters ergibt sich aus einer Zielvereinbarung zwischen ihm und dem Unternehmen. Ohne gemeinsame Ziele hält er mit seiner Leistung zurück. Die Gründe dafür:

- Der Mitarbeiter kann sich nicht mit dem Unternehmen identifizieren. Er fragt sich: „Wozu bin ich überhaupt da, wofür arbeite ich eigentlich?"
- Der Mitarbeiter kann sich nicht im Rahmen vereinbarter Ziele frei entfalten, den Weg zum Ziel hin selbst bestimmen und damit innovativer werden. Er arbeitet roboterähnlich nach vorgegebenen Zielen. Er wird nicht alles tun, was zum Realisieren eines Ziels erforderlich ist – ungeachtet dessen, was in seiner Stellenbeschreibung steht.
- Der Mitarbeiter kann sich nicht selbstverantwortlich kontrollieren.
- Schließlich wird der Mitarbeiter den Gegenwert für seine Leistung als ungerecht empfinden.

Unklare Zielvorstellungen lassen Maßnahmen der Gehaltsfestsetzung, der Personalentwicklung, lassen Kritik und Anerkennung als ungerecht erscheinen. Viele Manager sind zufrieden, wenn die Mitarbeiter irgendeiner Beschäftigung nachgehen.

Fassen wir zusammen:

- Leistung setzt die Vereinbarung von Zielen und Engagement der Mitarbeiter voraus.
- Engagement setzt voraus, daß Unternehmen und Mitarbeiter gemeinsame Ziele haben, daß die Bedürfnisse von beiden integriert sind.
- Es wird deutlich, welche zentrale Rolle vereinbarte Ziele im Führungsprozeß einnehmen.

2. Durch welche Methode kommen gemeinsame Ziele zustande?

Direktiv: „Hier kommt der Plan!" Kooperativ: „Hier läuft der Plan!"

Wie kommen gemeinsame Ziele zustande? Wie wird garantiert, daß diese Ziele auch kontinuierlich realisiert, überprüft und – falls erforderlich – revidiert werden? Das Verfahren hierzu lautet: „Management by Objectives" (MbO) oder „Führen durch Zielvereinbarung". MbO bedeutet nicht aufgabenorientierte, sondern ziel-, ergebnis- und zukunftsorientierte Unternehmensführung.

„In dem hier vorgestellten Modell wird die Zielsetzung selbst zu einer Gemeinschaftsleistung der im Unternehmen Tätigen. Führen bedeutet darin die Verpflichtung, den Prozeß der Zielfindung immer wieder in Gang zu setzen und zum Erfolg zu bringen.

Herrschaftsansprüche sind in diesem Modell systemwidrig, weil sie Fähigkeiten und Initiativen lähmen und damit die Leistungsfähigkeit in einer Wettbewerbswirtschaft mindern."

Diese Sätze stammen aus dem Unternehmensstatut des Bundesverbandes Junger Unternehmer. Sie formulierten ihre Aussagen aus der Einsicht heraus, daß zufriedene Mitarbeiter mehr leisten.

Wir gehen schwerpunktmäßig auf drei Schritte ein:

1. Schritt: Vereinbaren von Zielen
2. Schritt: Vereinbaren von Leistungsstandards
3. Schritt: Vereinbaren von Kontrollverfahren

Wie die Ziele erreicht werden und wie das Ergebnis mit dem Ziel in einer Fortschrittsbesprechung verglichen und neue Ziele vereinbart werden, werden wir nur am Rande behandeln. Uns geht es hier vorrangig um das Vereinbaren gemeinsamer Ziele. MbO ist in diesem Sinne eine Methode, mit der Führungskräfte und Mitarbeiter gemeinsame Ziele erarbeiten, diese präzisieren und die entsprechenden Kontrollverfahren festlegen.

1. Schritt: Vereinbaren von Zielen

Voraussetzung aller Unternehmensziele ist die Unternehmensphilosophie als Rahmenzielsetzung. Sie beantwortet die Fragen nach den verschiedenen Interessen, die das Unternehmen hat und die von außen an es herangetragen werden.

Beispielsweise:

1. Was macht unser Unternehmen eigentlich wertvoll und damit unverwechselbar?
2. Welches Marktinteresse soll befriedigt werden? Welchem Bedarf wollen wir Genüge tun, welche Problemlösungen wollen wir anbieten? Was will unser Unternehmen Eigenständiges leisten?
3. Welches Verhältnis soll zur Belegschaft, den Arbeitnehmern bestehen? Wollen wir ihr Interesse an Sicherheit durch eine gerechte Entgeltpolitik, ihr Interesse an Kontakten durch ein angenehmes Betriebsklima, ihr Be-

dürfnis nach persönlichem Wachstum durch fachliche und persönliche Fortbildung und durch erweiterte Verantwortung befriedigen?

4. Welches Verhältnis zu unseren Lieferanten wollen wir pflegen?
5. Wie wollen wir dem vitalen Interesse der Öffentlichkeit am Unternehmen genügen? Nehmen wir teil an gesellschaftlichen Aufgaben, beispielsweise an Umweltschutz und Aus- und Fortbildung? Tun wir nur das, was gesetzlich vorgeschrieben wird? Tun wir auch den mutigen ersten Schritt?
6. Wie verhalten wir uns gegenüber Staat und speziell Fiskus?
7. Wieweit lassen wir unseren Gläubigern in kritischen finanziellen Situationen Warnsignale zukommen?
8. Was tun wir, um das Interesse der Gesellschafter, der Aktionäre an ihren Einlagen zu sichern?
9. Wie wollen wir mit den Gewerkschaften zusammenarbeiten?
10. Haben wir die Absicht, kurzfristig hohe Gewinne zu machen? Oder wollen wir Gewinne vorrangig deshalb erzielen, um langfristig gut zu überleben, um uns durch die Vermehrung wirtschaftlicher Substanz weiterzuentwickeln, Vertrauen zu erhalten? Was tun wir dafür?
11. Erhalten alle Rahmenziele die gleiche Chance, oder sollen sie unterschiedlich gewichtet werden?

Die Unternehmensphilosophie wird verwirklicht durch die Unternehmenspolitik. Sie hat strategischen Charakter, wird also mittel- bis langfristig festgelegt. Die Unternehmenspolitik spaltet sich auf in verschiedene Teilpolitiken wie die Personalpolitik, die Beschaffungspolitik, die Produktionspolitik, die Absatzpolitik, die Politik gegenüber der Öffentlichkeit, die Steuer- und Finanzpolitik. Beispielsweise lautet ein mittelfristiges Ziel der Absatzpolitik: „Der Umsatz für Produkt A soll im Raum X innerhalb der nächsten drei Jahre jährlich um mindestens 8% steigen."

Unternehmensphilosophie und -politik legen die Grenzen fest, innerhalb derer die Mitarbeiter ihre Ziele vorschlagen und vereinbaren können.

Die einzelnen Ziele der Unternehmenspolitik werden auf Bereichs- und Abteilungsebene weiter aufgeschlüsselt. Diese Ziele haben kurz- und mittelfristigen Charakter. Beispielsweise kann ein Ziel für die Abteilung Organisation so lauten: „Die Ablauf- und Aufbauorganisation soll durch Systemanalyse und Systemverbesserung bis zum 31. 12. des nächsten Jahres bei unverändert positiver Motivation der Mitarbeiter so rationalisiert werden, daß sich eine Nettoeinsparung von 450 000–500 000 DM bei einem Kosteneinsatz von 70 000–80 000 DM ergibt."

In einem letzten Schritt werden die Ziele der einzelnen Mitarbeiter vereinbart. Diese Ziele sind kurzfristig und reichen bis zu einem Jahr.

Nun zur Frage: „Wie erarbeite ich mit meinen Mitarbeitern die operativen Ziele?“

Die Zielvereinbarung erfolgt in wechselseitiger Abstimmung im „Gegenstromverfahren“, so lange, bis möglichst alle übereinstimmen. Dieser Prozeß fördert das unternehmerische Denken aller im Unternehmen Beschäftigten. Jeder sagt sich: „Nur Erfolge zählen, nicht Vorschriftenerfüllung.“ Für mündige Mitarbeiter gilt: Nur Zielvereinbarung statt Zielvorgabe stellt die Identifikation mit dem Ziel sicher. Zielvorgabe und die damit verbundene Kontrolle des Mitarbeiters durch Außenstehende dagegen mindert das

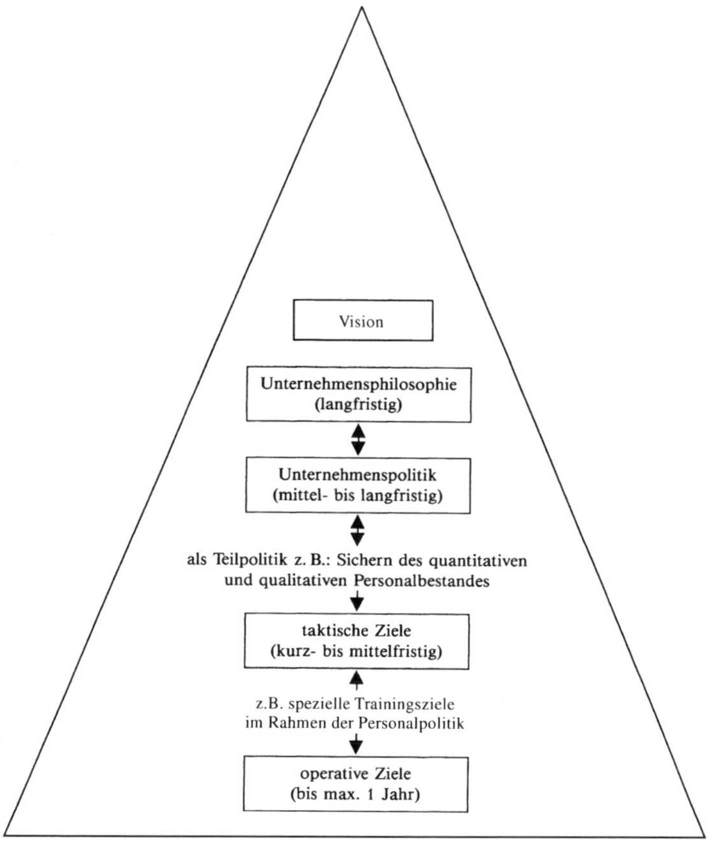

Abb. 10: Zielsystem eines Unternehmens

Engagement und die Leistung bei hochentwickelten Mitarbeitern. Zahlreiche Untersuchungen haben ergeben, daß wenig Entscheidungsspielraum, verbunden mit monotoner Arbeit, ein Höchstmaß an physischen und psychischen Störungen hervorrufen kann. Bei Mitarbeitern allerdings, die noch am Anfang ihrer beruflichen Entwicklung stehen, kann Zielvorgabe ein notwendiges Führungsinstrument sein (siehe Band 2 „Grundlagen der Führung", 10. Auflage, S. 100 ff., Reifegradmodell).

Wichtig ist, daß zunächst nur die *Ziele* geplant werden und *nicht der Ablauf*, durch den sie erreicht werden sollen. Ein Beispiel:

Der Personalleiter sitzt mit dem für die Personalbeschaffung verantwortlichen Mitarbeiter zusammen, um die gemeinsamen Ziele für das nächste Vierteljahr zu besprechen. Der Mitarbeiter führt aus: „Ich will Ihnen schildern, wie ich vorgehen möchte. Ich werde nochmals mit unserer Agentur in Verbindung treten, damit die Anzeigen aktueller gestaltet werden. Ich denke auch daran, die Kontakte zu Teilzeitfirmen zu intensivieren, damit wir noch mehr Halbtagskräfte bekommen." Sein Chef fragt: „Was wollen wir eigentlich? Wollen wir festlegen, wozu und wieviel Meister wir einstellen, also die gemeinsamen Ziele, den Zielplan, oder wollen wir darüber reden, wie Sie vorgehen, also über den Ablaufplan?" „Ach so" – meint sein Mitarbeiter – „Sie interessiert, wieviel Meister wir einstellen wollen?" „Richtig" – meint sein Chef – „erst kommt der Zielplan und dann der Ablaufplan. Den Zielplan vereinbaren wir gemeinsam. Im Ablaufplan legen Sie dann fest, wie Sie vorgehen. Das aber ist Ihre und nicht unsere gemeinsame Sache."

Der Zielplan gibt also an, zu welchem Zweck etwas gemacht wird, also wozu z. B. mehr Meister eingestellt werden sollen. Der Zielplan wird zwischen Führungskraft und Mitarbeiter vereinbart. Der Ablaufplan gibt an, wie etwas gemacht wird, z. B. ob eine Personalagentur eingeschaltet wird oder nicht. Der Ablaufplan ist weitgehend (Reifegrad) Sache des Mitarbeiters.

Vereinbaren Sie die Ziele mit jedem Ihrer Mitarbeiter in vier Schritten (s. Faltblatt „Führen durch Zielvereinbarung", im Literaturverzeichnis):

1. Vereinbaren Sie einen *Termin* für das Zielvereinbarungsgespräch.
2. Der Mitarbeiter und Sie erarbeiten für das Zielvereinbarungsgespräch unabhängig voneinander *Zielvorstellungen* für die nächste Planungsperiode (üblicherweise ein Jahr).
3. Im Zielvereinbarungsgespräch werden Gemeinsamkeiten festgestellt, Abweichungen diskutiert, Veränderungen eingebracht und die *endgültig vereinbarten Ziele* für beide Beteiligten durch den Mitarbeiter *schriftlich fixiert*.

4. Damit der Mitarbeiter weiß, welche Unterstützung er von Ihnen erwarten kann, werden alle *Ihre Beiträge für die Zielerreichung* ebenfalls *schriftlich* niedergelegt.

Voraussetzungen für die Zielerreichung klären

1. Führung(s)-instrumente
2. Mitarbeiter
3. Finanzen
4. Strukturen
5. Technologie/Systeme
6. Material
7. Information/Kommunikation
8. Zeit
9. Sonstige Ressourcen

Beim Erarbeiten der Zielvorstellungen ist es sinnvoll, wenn jeder Mitarbeiter sich selbst und seiner Führungskraft die folgenden acht Fragen beantwortet:

1. Welche persönlichen Ziele habe ich?
2. Welche davon möchte ich in meiner jetzigen Tätigkeit verwirklichen?
3. Wie, glaube ich, werden sich meine Ziele mit der Zeit ändern?
4. Welches sind die betrieblichen Ziele?
5. Was ist das Ergebnis meiner Arbeit?

Abb. 11: „Mit welchen Personen werde ich meine Ziele integrieren?"
(Quelle: Karl-Heinz Brecheis/Cartoon-Caricature-Contor München)

6. Wie werden meine persönlichen Ziele durch die betrieblichen Ziele beeinflußt?
7. Wie können die Unternehmensziele und meine persönlichen Ziele aufeinander abgestimmt werden?
8. Mit welchen Personen werde ich meine Ziele integrieren?

Aufgabe der Führungskraft ist es, zunächst zuzuhören und dem Mitarbeiter zu helfen, sich zu äußern. Das Motto lautet: „Mitarbeiter sind Menschen, nicht Marionetten."

Häufig lassen sich die persönlichen Ziele des Mitarbeiters im ersten Gespräch nicht ausreichend klären. Er braucht Zeit, um sich über persönliche Ziele klar zu werden.

Als Hilfestellung dienen folgende Fragen an den Mitarbeiter:
- In welchen Situationen haben Sie Erfolg empfunden?
- Welche Arbeiten haben Sie bisher am meisten befriedigt?

So kann dem Mitarbeiter bewußt werden:

Will ich lieber als qualifizierter Spezialist oder lieber als Führungskraft arbeiten? Will ich lieber im Inland bleiben oder eine Auslandstätigkeit annehmen?

Parallel zu den Zielen des Unternehmens ist also der rote Faden zu finden, der die Ziele des Mitarbeiters kennzeichnet. Das ist die wesentliche Voraussetzung für eine dauerhafte Abstimmung zwischen den Zielen des Unternehmens und denen des Mitarbeiters.

Im einzelnen werden vier Arten operativer Ziele vereinbart:

1. *Standardziele* (auch fortlaufende oder sich wiederholende Ziele). Ein Standardziel des Personalleiters beispielsweise ist: Sichern des quantitativen und qualitativen Personalbestandes, bezogen auf die jeweiligen Anforderungen der einzelnen Bereiche.
2. *Problemlösungsziele.* Ein Problem ist eine Abweichung von einer Norm. Es ist etwas so, wie es nicht sein soll. Ein Problemlösungsziel des Personalleiters kann sein: Senken des Krankenstandes im Werk 1 von 9% auf 5%.
3. *Innovations- und kreative Ziele.* Diese veranlassen den Mitarbeiter, selbst kreativ zu denken und zu handeln. Ein Innovationsziel setzt einen neuen Maßstab. Etwas in diesem Unternehmen noch nicht Dagewesenes wird anvisiert. Innovationsziele schulen das Denken in Möglichkeiten: Was ist mein „wildes Projekt" in diesem Jahr? Der Personalleiter könnte sich als Ziel setzen, eine leistungsgerechte Bezahlung einzuführen, die sich aus dem Erreichen des mit dem Team vereinbarten Zieles ergibt.

4. *Persönliche Entwicklungsziele* dienen der Verbesserung der persönlichen Eignung und Leistung. So kann ein Ziel des Personalleiters sein, durch neue Methoden der Organisationsentwicklung die Produktivität um 5% zu steigern.

Im folgenden finden Sie eine Zusammenstellung von Tips und Hinweisen für gute Ziele (nach: *Odiorne*, 1980, S. 116 ff. und 166 ff.; Aussagen von MbO-erfahrenen Managern):

1. Ziele zu formulieren ist nicht eine bürokratische Übung, sondern bedarf kreativer Anstrengungen, um nutzlose Aktivitäten aufgrund nutzloser Ziele zu vermeiden.
2. Lassen Sie den Mitarbeiter begründen, warum er bestimmte Ziele in das Zielsystem aufnimmt und andere nicht. So sichern Sie die Zielentscheidung ab.
3. Vereinbaren Sie zur Fortschrittskontrolle meßbare Zwischenziele, meßbar nach Qualität, Quantität, Kosten, Terminen, Güte der Zusammenarbeit.
4. Vereinbaren Sie nicht nur Ziele, die Selbstverständliches beinhalten, sondern auch Ziele, die Außergewöhnliches anstreben (Durchbruchsziele). Fordern Sie heraus, aber belasten Sie den Mitarbeiter nicht unangemessen. Berücksichtigen Sie die Ideen Ihrer Mitarbeiter und auch Ideen aus anderen Quellen, z. B. außerhalb des Unternehmens.
5. Leistungs- und selbstbewußte Manager vereinbaren meist auch besser meßbare und höhere Ziele.
6. Ziele müssen realistisch und situationsbezogen formuliert sein.
7. Wenn Ziele nicht aufgrund von Fakten präzise vereinbart werden können, dann arbeiten Sie am besten mit Schätzungen. Geschätzte Ziele sind besser als keine Ziele.
8. Formulieren Sie geringere Zielerreichungsgrade, wenn andere Ihre Ziele für zu optimistisch halten.
9. Ziele können durch nicht vorhersehbare Umstände (Marktveränderungen, politische Krisen) gefährdet werden. Gehen Sie aber bei der Zielformulierung nicht davon aus, was alles passieren könnte, sondern nehmen Sie normale Bedingungen an.
10. Prüfen Sie, ob Ziele wirklich oder nur scheinbar wichtig sind. Fragen Sie: Dient das dem Unternehmen?
11. Ziele werden häufig nicht ehrlich, sondern aus taktischen Überlegungen heraus formuliert, z. B. um ein größeres Budget zu erhalten.
12. Welche Ziele dienen nur der Selbstdarstellung?

13. Ziele müssen so formuliert sein, daß ihre Erreichung nicht auf Kosten anderer und damit der gesamten Leistung der Organisation geht. Ziele stehen in einer Mittel-Zweck-Beziehung zu den nächsthöheren Zielen.
14. Vereinbaren Sie die Ziele mit dem Mitarbeiter weitgehend gemeinsam. Führen Sie Mitarbeiter, die von ihrer Persönlichkeitsstruktur her „abhängig“ sind, weil sie nicht gelernt haben, unabhängig zu denken, durch allmählich wachsende Partizipation an selbständiges Vorschlagen von Zielen heran.
15. Vertrauliche Ziele können mündlich vereinbart werden.
16. Fragen Sie in schwierigen Fällen Menschen um Rat, die Erfahrung im Vereinbaren von Zielen haben.
17. Lassen Sie sich die Voraussetzungen für die Zielerreichung (z. B. mehr finanzielle Unterstützung, mehr Personal, Überstunden) nennen und bei geringem Reifegrad des Mitarbeiters den Plan darlegen, wie die Ziele erreicht werden.
18. Setzen Sie Kundenforderungen in Ziele um. Denn nicht das Haben von Wünschen und ihre Erfüllung, sondern das Herauskristallisieren von Kundenzielen und das Definieren der Kundenprobleme führt zum langfristigen Erfolg.
19. Setzen Sie Ihre Mittel für die wirklich wichtigen Ziele ein, d. h. solche, die eine Wertsteigerung der eingesetzten Mittel versprechen. Scheuen Sie sich nicht, Ziele fallen zu lassen, die unwichtig geworden sind oder sich als nicht erreichbar herausgestellt haben.
20. Manche Ziele werden nicht erreicht. Schließen Sie daraus nicht, daß MbO wertlos, sondern daß es schwierig, aber notwendig ist. Grundsätzlich gilt: Ziele sind zu erreichen!
21. Setzen Sie sich mit den Schwierigkeiten auseinander, die Ihre Mitarbeiter bei der Zielerreichung haben, und unterstützen Sie sie auf Anforderung.
22. Korrigieren Sie, wo Ziele nicht erreicht werden, und bestätigen Sie, wenn Ziele erreicht werden.

Führen Sie das Gespräch mit dem Mitarbeiter offen und im gegenseitigen Vertrauen.

Fragen Sie sich während und am Ende des Gesprächs:

- Habe ich meinem Mitarbeiter Ziele vorgegeben, oder habe ich sie wirklich mit ihm vereinbart?
- Was kann ich in Zukunft besser machen?

2. Schritt: Vereinbaren von Leistungsstandards

Leistungsstandards sind Meßgrößen dafür, wann ein *Ziel als erreicht gilt.*

Ziele geben an, zu welchem Zweck und wozu etwas zu tun ist. Leistungsstandards präzisieren die Ziele. Wenn das Ziel lautet: „Verbessern der Qualitätssicherung so, daß Ausschuß und Nacharbeit verringert werden“, dann präzisieren Leistungsstandards dieses Ziel so, daß die Verringerung bis zum Ende des nächsten Halbjahres 15–20% betragen soll und als Kosten dafür nicht mehr als 50–60 Tsd. DM anfallen.

Das aus der gemeinsamen Formulierung von Zielen und ihren Leistungsstandards resultierende Einverständnis stellt einen wichtigen Teil des Nutzens von MbO dar. Denn ein Ergebnis ist immer nur so gut wie die Qualität der Entscheidung, multipliziert mit der Motivation, diese Entscheidung auch mitzutragen.

Als Faustformel gilt: Ein Ergebnis ist nur so gut, wie Ziele und ihre Leistungsstandards präzise definiert sind und der Mitarbeiter bereit ist, sich dafür einzusetzen.

Jeder Mitarbeiter beantwortet daher zunächst allein und erst dann gemeinsam mit seinem Chef die folgenden Fragen.

Sind meine Ziele:

1. präzise formuliert und damit meßbar?
2. terminbezogen?
3. quantifiziert bzw., wenn dies nicht möglich ist, wenigstens qualitativ bestimmt oder als Aktion beschrieben?
4. durch Ober- und Untergrenzen bestimmt?
5. integriert (mit anderen Personen/Einheiten)?
6. widerspruchsfrei?
7. realistisch?
8. bezüglich der Zielerfüllung beurteilbar?

Ziele müssen so formuliert sein, daß die Leistung, also der tatsächliche Grad der Zielerfüllung, auch bestimmt werden kann. Das ist nicht der Fall, wenn es heißt: „Im nächsten Jahr ist eine beachtliche Umsatzsteigerung zu erzielen.“ Was heißt „beachtlich“? Wie wird das gemessen? Ähnliche Schwierigkeiten treten auf, wenn Umschreibungen verwendet werden wie: erwünscht, geeignet, im allgemeinen, gegebenenfalls, angemessen, viel, genügend und vernünftig. Solche Umschreibungen sind zu vage. Sie sind meist der Anlaß dafür, daß beim Vergleich des erreichten Ergebnisses mit dem angestrebten Ziel Streitgespräche entstehen.

Ziele müssen also erstens präzise formuliert sein. Dies ist der Fall, wenn sie den Leistungsstandards genügen: Zeit, Kosten, Qualität, Quantität, Güte der Zusammenarbeit.

Ziele müssen zweitens terminbezogen sein. Es ist ein genauer Zeitpunkt oder Zeitraum für die Zielerfüllung zu vereinbaren. Wenn das Ziel erst in weiter Zukunft erfüllt werden kann, werden Zwischenziele vereinbart. Sie ermöglichen eine Kontrolle in kürzeren Abständen.

Ziele sollen drittens quantifiziert werden. Quantitative Leistungsstandards sind beispielsweise: Absatzmengen, Qualitätsgrade, Produktivität, Zeiteinheiten, Umsatz. Lassen sich keine solchen Maßstäbe finden, dann ist nach Hilfsmaßstäben zu suchen. Drei Beispiele hierzu: Die vage Zielsetzung, „das Unternehmen will seine sozialen Verpflichtungen erfüllen", wird konkretisiert durch die „Höhe des Sozialaufwandes pro Beschäftigtem". Die Zielsetzung „hohe Leistung der Qualitätskontrolle" wird gemessen an der „Zahl der Kundenreklamationen". Das Ziel „Verbesserung des Betriebsklimas" wird quantifiziert über die Quoten von „Fluktuation" und „Krankenstand".

Ist dies nicht oder nur teilweise möglich, so sind qualitative Leistungsstandards zu vereinbaren, beispielsweise: „Die Verkaufsförderung entwickelt ein Layout, das für den modischen Trend der Schaufenstergestaltung in unserer Branche richtungweisend ist" oder „Zeitnehmer verhalten sich so, daß sie in den untersuchten Abteilungen keinen Widerstand und ablehnende Haltung, sondern Zusammenarbeit auslösen" oder „Der Datenservice stellt entsprechend seiner Kapazität die Informationen nach Zielprioritäten zur Verfügung".

Können weder quantitative noch qualitative Leistungsstandards festgelegt werden, sind ausnahmsweise konkrete Aktionen zu vereinbaren. Ein Ziel gilt in diesem Fall als erreicht, wenn der Verkäufer mit dem Kunden Y ins Gespräch gekommen ist.

Können zunächst nur qualitative oder in Form von Aktionen beschriebene Ziele vereinbart werden, sind brauchbare quantitative Leistungsstandards zu entwickeln.

Ziele werden viertens durch Ober- und Untergrenzen, also Toleranzbereiche, definiert. Ein Ziel der Qualitätskontrolle lautet etwa so: „Die Reklamationen sind durch eine geeignete Ausgangskontrolle von 19% auf 10% bis 13% zu senken." Wenn dieses Ziel punktuell bestimmt, also die Anzahl der Reklamationen z. B. auf 10% festgesetzt wird, dann müßte dieser Leistungsstandard von 10% bei Veränderungen innerhalb oder außerhalb des Unternehmens geändert werden. Störungen in den Prüfgeräten oder die Stimmung der Kunden lassen die Anzahl der Reklamationen schwanken. Ziele, für die Toleranzgrenzen angegeben sind, fangen jedoch kleinere Situationsänderungen auf.

Ziele mit Bandbreiten lassen sich leichter mit dem Mitarbeiter vereinbaren. Sie ermöglichen mehr Selbstkontrolle und darüber hinaus den Einsatz von Management by Exception.

Abb. 12: „Ziele sind realistisch zu formulieren."
(Mit freundlicher Genehmigung von Marie Marcks, Heidelberg)

Die Bandbreite muß realistisch formuliert sein als Spanne zwischen einem *pessimistischen* Zielerreichungsgrad (Ziel ist in Frage gestellt, wenn nichts geschieht), einem *wahrscheinlichen* Ergebnis und einem *optimistischen* Ergebnis (kann tatsächlich erreicht, in Ausnahmefällen sogar überschritten werden).

Ziele werden fünftens horizontal und vertikal im Unternehmen *abgestimmt*, also integriert. Einzelziele dürfen nicht auf Kosten der Integration verfolgt werden. Ressortegoismus dient nicht dem übergeordneten Unternehmensziel, sondern schadet ihm. Mangelnde Zielkoordination liegt – um ein einfaches Beispiel zu nennen – dann vor, wenn das Umsatzziel des Verkaufsleiters nicht mit dem Produktionsziel des Produktionsleiters abgestimmt ist.

Ziele sind sechstens widerspruchsfrei und ohne Zielkonflikt formuliert. Bei der Treuhand wurde die Leistung der Verantwortlichen bis 1992 ausschließlich an der Zahl der durchgeführten Privatisierungen gemessen – nicht an der folgenden Sanierung. Oder: Ein Unternehmen hatte für seinen Kundendienst das globale Ziel: Senkung der Kosten bei gleichbleibender Qualität. Hierzu wurden den Kundendiensttechnikern nur quantitative Leistungsstandards vorgegeben, wie „Zeitaufwand pro Kunden" und „Zahl der Kundenbesuche". Zuerst gingen die Kosten stark zurück. Bald jedoch fiel bei den Mitarbeitern die Leistung stark ab. Viele von ihnen kündigten. Untersuchungen ergaben, daß durch die quantitativen Ziele mangelnde Sorgfalt geradezu erzwungen wurde. Qualitative Aspekte waren nicht gleichgewichtig in die Zielvereinbarung eingegangen. Die sinkende Qualität des Kundendienstes beeinträchtigte das Selbstverständnis und damit die Motivation der Kundendiensttechniker.

Der Zielkonflikt ist klar: Bei überzogenen quantitativen Kostenzielen konnte eine gleichbleibende Qualität nicht realisiert werden.

Von konfliktären oder konkurrierenden Zielen spricht man dann, wenn die Zielerreichung eines Zieles zum verminderten Zielerreichungsgrad eines anderen Zieles führt. Ziele können auch in komplementärer Beziehung stehen, nämlich dann, wenn die Erfüllung eines Zieles die Erfüllung eines anderen Zieles steigert. In der Regel beispielsweise ist das beim Umsatz- und Gewinnstreben der Fall. Nur dann, wenn man zwei Ziele ohne Bezug zu einem umfassenden Zielsystem betrachtet, gibt es den Fall, daß die Zielerfüllung eines Zieles das andere Ziel nicht beeinflußt.

Häufig werden Zielkonflikte nicht bewußt wahrgenommen und auch nicht aufgespürt. Abbildung 13 (S. 38) kann auf zwei Arten von Zielkonflikten untersucht werden: einmal auf die Konflikte, die zwischen diesen Bereichen entstehen können, und zum anderen auf die Konflikte, die innerhalb dieser Bereiche auftreten können.

Hier einige Beispiele für Konflikte *zwischen* den Zielbereichen:

- Betriebsziel gegen Ziele innerbetrieblicher Bereiche: Gewinnstreben gegen Machtausweitung

- Betriebsziel gegen Gruppenziele: formelle Verhaltensvorschriften gegen informelle Normen, einseitige Leistungsorientierung auf Kosten der Arbeitszufriedenheit
- Betriebsziel gegen individuelle Ziele: Personalkosten senken gegen höheres Entgelt
- Betriebsziel gegen Umweltziele: Aufrechterhalten der Lieferbereitschaft gegen Sichern von Rohstoffen
- Bereichsziel gegen Gruppen- und/oder individuelle Ziele: Verkleinerung gegen Statusverlust
- Gruppenziele gegen individuelle Ziele: informelle Normen gegen persönliche Wertvorstellungen

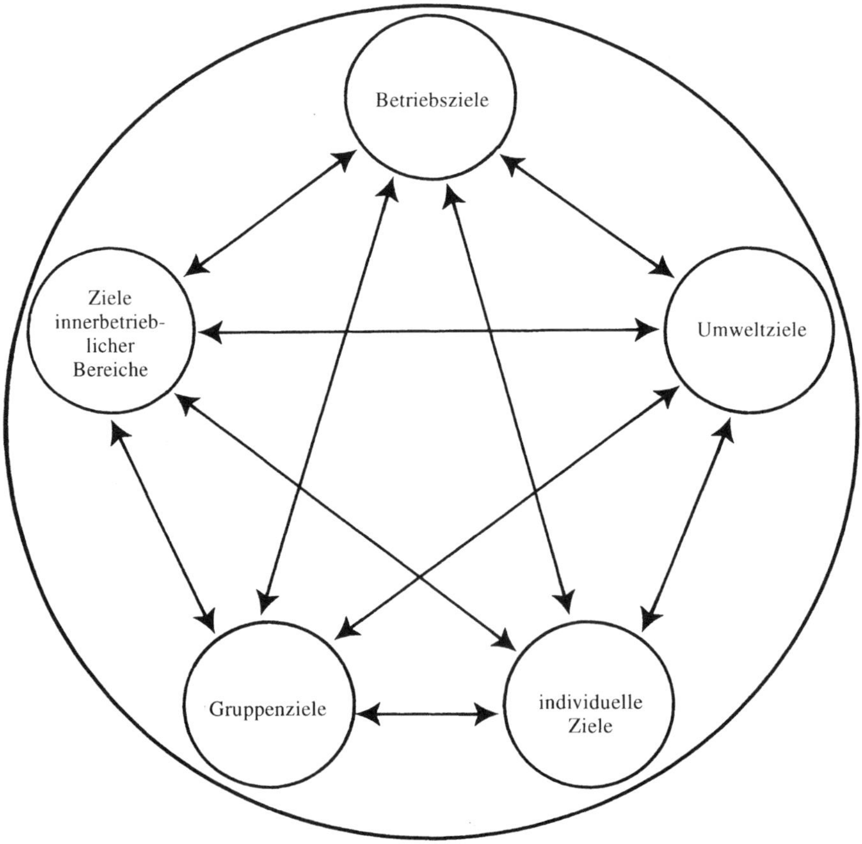

Abb. 13: Konfliktäre Zielbereiche

Hier einige Beispiele für Konflikte *innerhalb* der Zielbereiche:

- Betriebsziele: Wachstum gegen Vermeiden von Überkapazitäten
- Ziele innerbetrieblicher Bereiche: Verkauf strebt zur Vergrößerung des Marktanteils ein differenziertes Sortiment an, die Produktion dagegen zur Senkung der Produktionskosten eine Typenbereinigung und große Serien.
- Gruppenziele: Zielstreitigkeit innerhalb einer Gruppe (Intragruppenkonflikt); unterschiedliche Interessenlage zwischen zwei Produktionsgruppen (Intergruppenkonflikt)
- individuelle Ziele: Karriere gegen Streßzuwachs (intrapersoneller Konflikt); persönliche Rivalität aufgrund von Vorurteilen (interpersoneller Konflikt)
- Umweltziele: pro und kontra Atomkraft.

Konflikte entstehen häufig, weil gar nicht klar ist, worauf die Parteien eigentlich abzielen. Erst wenn dies genau beschrieben ist, läßt sich nach einer Lösung suchen (siehe Faltblatt „Konflikt-Management" im Literaturverzeichnis). Bei der Formulierung von Zielen werden also mögliche Zielkonflikte aufgedeckt.

Abb. 14: „Bei Überforderung sind die Ziele trotz größter Anstrengung nicht zu erreichen."
(Quelle: Karl-Heinz Brecheis/Cartoon-Caricature-Contor München)

Ziele müssen siebtens realistisch sein. Sie müssen von der Eignung und Leistungsfähigkeit der Mitarbeiter und den verfügbaren Mitteln her erreichbar sein. Nur dann, wenn Ziele durch Leistungsstandards nicht zu hoch und nicht zu niedrig angesetzt werden, werden die Mitarbeiter weder über- noch unterfordert. Sowohl Über- als auch Unterforderung wirken leistungsmindernd. Bei Überforderung sind die Ziele trotz größter Anstrengung nicht zu erreichen. Die Trauben hängen zu hoch. Bei Unterforderung liegen ungenutzte Leistungsreserven brach. Beides macht unzufrieden und wirkt sich damit über sinkende Leistung auf die Kosten aus. Auch Sie fahren Ihr Auto im optimalen Bereich, also weder mit zu hohen noch mit zu niedrigen Drehzahlen.

Es ist sicher, daß sich jeder Mitarbeiter bemühen wird, realistische Ziele zu formulieren und diese selbstgesetzten Ziele auch zu erreichen: Niemand sägt gerne den Ast ab, auf dem er sitzt.

Es zeigt sich allerdings immer wieder, daß Mitarbeiter bei der Einführung von MbO dazu neigen, ihre Ziele zu weit zu stecken und dann am Ende der Zielperiode enttäuscht sind. Aufgabe der Führungskraft ist es daher, die Mitarbeiter zur Vorsicht anzuhalten. Vereinbaren Sie daher niemals mehr als sieben Ziele.

In die Formulierung realistischer Ziele gehen ein:

1. die Erfahrungen des Mitarbeiters,
2. die Erfahrungen der Führungskraft,
3. die gemeinsame Einschätzung künftiger Entwicklungen,
4. wenn möglich, statistisch abgesicherte Prognosen.

Ziele sind schließlich achtens so formuliert, daß der Mitarbeiter selbst beurteilen kann, ob er sich dem Ziel nähert oder nicht. Die laufende Information über den Fortschritt trägt entscheidend zu einer hohen Leistungsmotivation bei: Der Mitarbeiter wird zu einem sich selbst ins Ziel regelnden „System“.

Bitte prüfen Sie:

Wurden für alle meine Ziele und die meiner Mitarbeiter alle acht Leistungsstandards berücksichtigt? Wo lassen sie sich verbessern? Gehen Sie diese Fragen am besten auch mit Ihrem Chef und mit Ihren Mitarbeitern durch.

Hier noch einmal die *acht Leistungsstandards* für Ziele:

1. präzise formuliert,
2. terminbezogen,
3. quantifiziert bzw., wenn dies nicht möglich ist, wenigstens qualitativ bestimmt oder als Aktion beschrieben,
4. durch Ober- und Untergrenzen bestimmt,
5. integriert,

6. widerspruchsfrei,
7. realistisch,
8. bezüglich der Zielerfüllung beurteilbar.

So präzisierte Ziele helfen, Ergebnisgespräche zwischen Führungskraft und Mitarbeiter konfliktfreier zu gestalten.

Mager erzählt dazu den folgenden Dialog:

Mitarbeiter: „Die Ergebnisse meiner Tätigkeit kann man nicht messen."
Chef: „Warum nicht?"
Mitarbeiter: „Sie sind nicht greifbar."
Chef: „So? Und warum soll ich Sie für nicht greifbare Ergebnisse bezahlen?"
Mitarbeiter: „Ich habe schließlich studiert und bin zugelassen!"
Chef: „Hmm. Na schön. Hier ist Ihr Geld."
Mitarbeiter: „Wo? Ich sehe nichts!"
Chef: „Natürlich nicht … es ist nicht greifbar."

Machen Sie das Verhalten von Menschen meßbar, und es wird sich ändern!

Art und Ausmaß der Ziele zeigen das persönliche Anspruchsniveau eines Mitarbeiters.

3. Schritt: Vereinbaren von Kontrollverfahren

Wir haben bis jetzt zwei Schritte von MbO kennengelernt:

1. Vereinbaren von Zielen,
2. Vereinbaren von Leistungsstandards.

Im dritten Schritt sind die *Verfahren* zu vereinbaren, die der Kontrolle dienen, ob und inwieweit die Ziele erreicht worden sind. Warum ist auch hier eine Vereinbarung wichtig? Sie ist wichtig, weil sonst bei der Fortschrittsbesprechung, beim Vergleich des Ergebnisses mit dem Ziel – um ein extremes Beispiel zu nehmen – der Chef in Metern mißt, der Mitarbeiter aber in Zoll. Kontrollverfahren sind etwa Marktanalysen, Kundenberichte, Umsatzstatistiken, Terminpläne, Meßinstrumente, Qualitätsberichte und ähnliches.

Kontrollieren Sie – reifegradspezifisch – nicht nur am Ende der Zielperiode, sondern auch während des Jahres:

- Erreichen die Mitarbeiter die vereinbarten Zwischenziele?
- Sind die Ziele noch angemessen? Wenn nicht, verändern Sie die Ziele.
- Beraten Sie den Mitarbeiter, sofern notwendig.
- Verstärken Sie die Selbstkontrolle des Mitarbeiters.

Kontrollieren Sie auch am Ende der Zielperiode:

(bei Reifegrad 4 hat der Mitarbeiter für die Ergebnisse die Bringschuld, bei Reifegrad 1 hat die Führungskraft die Holschuld)

- Fordern Sie vom Mitarbeiter eine Einschätzung zu
  - Grad der Zielerreichung,
  - Abweichungen,
  - mögliche Ursachen für Abweichungen,
  - Verbesserungsmöglichkeiten.
- Klären Sie in einem gemeinsamen Gespräch, wie Sie beide die Leistung tatsächlich sehen.
- Besprechen Sie Probleme des Mitarbeiters, sofern notwendig, aber diskutieren Sie nicht in der gleichen Besprechung Gehaltsfragen und Persönlichkeit des Mitarbeiters.
- Ziehen Sie notwendige Konsequenzen für eine neue Zielvereinbarung.

Arbeitsfragen

Stellen Sie sich nun selbst bitte die folgenden zehn Fragen zu den drei Schritten von „Management by Objectives“ (1. Vereinbaren von Zielen, 2. Vereinbaren von Leistungsstandards, 3. Vereinbaren von Kontrollverfahren).

Wir schlagen Ihnen vor, sich für die schriftliche Antwort 20 Minuten Zeit zu nehmen.

1. Welche Philosophie hat mein Unternehmen?
2. Welche Strategien verfolgt mein Unternehmen?
3. Welches ist die Rangfolge der Unternehmensziele?
4. Welche Ziele verfolge ich mit meiner Tätigkeit?
5. Was ist meine Wertschöpfung?
6. Welches ist die Rangfolge meiner Ziele?
7. Nehme ich Aufgaben wahr, für die ich keine Ziele nennen kann? Welche Aufgaben sind das?
8. Sind alle meine Ziele durch die Leistungsstandards präzisiert?
9. Mit welchen vereinbarten Verfahren kontrolliere ich, ob ich meine Ziele erreiche und ob meine Mitarbeiter ihre Ziele erreicht haben oder nicht?
10. Wie demonstriere ich meine Zielorientierung?

Stellen Sie auch Ihren Mitarbeitern diese zehn Fragen. Tun Sie es selbst dann, wenn Sie sicher sein sollten, daß diese nicht verlegen an ihren Stiften nagen. Wahrscheinlich werden Sie vorrangig Antworten bekommen wie: „Meine Aufgabe ist die und die“ oder „ich mache dies und jenes“, aber nur selten „ich ziele ab auf dieses und jenes“ oder „ich will … erreichen/bewirken“.

Ihre Antworten auf die 10 Fragen und die Ihrer Mitarbeiter sind der beste Aufhänger für eine Diskussion über Sinn und Zweck von MbO.

3. Durchführung und Erfolgskontrolle

Sind die Ziele vereinbart, erreicht der Mitarbeiter seine Ziele weitgehend selbständig. Die Wahl der Mittel ist ihm im Rahmen der Vereinbarungen freigestellt. Nur in Ausnahmefällen darf die Führungskraft durch den Mitarbeiter um Unterstützung angegangen werden, nämlich dann, wenn die Zielerfüllung innerhalb der gemeinsam festgelegten Toleranzbereiche entscheidend gefährdet ist. Der Mitarbeiter ist zum selbständigen Handeln herausgefordert („Management by Exception“). Dieses Prinzip gilt auch für Führungskräfte. Nur in Ausnahmefällen wird der Mitarbeiter unterstützt.

In regelmäßigen Fortschrittsbesprechungen werden der Grad der Zielerfüllung festgehalten, die Abweichungen vom Ziel präzisiert und die Ursachen für diese Abweichungen analysiert.

Ursachen für Zielabweichungen können sein:

1. unrealistisch vereinbarte Ziele,
2. unrealistische Planung der zur Zielerfüllung notwendigen Mittel und Verfahren,
3. Fehler in den Vollzugshandlungen: unvorhergesehene Mängel in der fachlichen Eignung und der Leistung des Mitarbeiters,
4. unvorhersehbare Ereignisse und andere äußere Störungen, wie beispielsweise schlechte Führung, Behinderung durch andere Mitarbeiter, Mängel im Informationssystem.

Alle weiteren Maßnahmen setzen an diesen vier Ursachen für Zielabweichungen an.

„Management by Objectives“ – „Führen durch Zielvereinbarung“ – erweist sich somit als ein dynamisches System. Dynamisch, weil die vereinbarten Ziele nicht ein für alle Mal gelten, sondern weil sie in ständiger Diskussion zwischen Führungskraft und Mitarbeiter fortgeschrieben werden. Dynamisch, weil Lernprozesse aller Beteiligten garantiert sind und schließlich, weil vereinbarte Ziele die Anpassungsfähigkeit, Leistungsfähigkeit und damit letztlich die Überlebensfähigkeit des Unternehmens sichern.

Die bisherigen Ausführungen verdeutlicht Abbildung 15 „Zielanalyse im Überblick“ (S. 44).

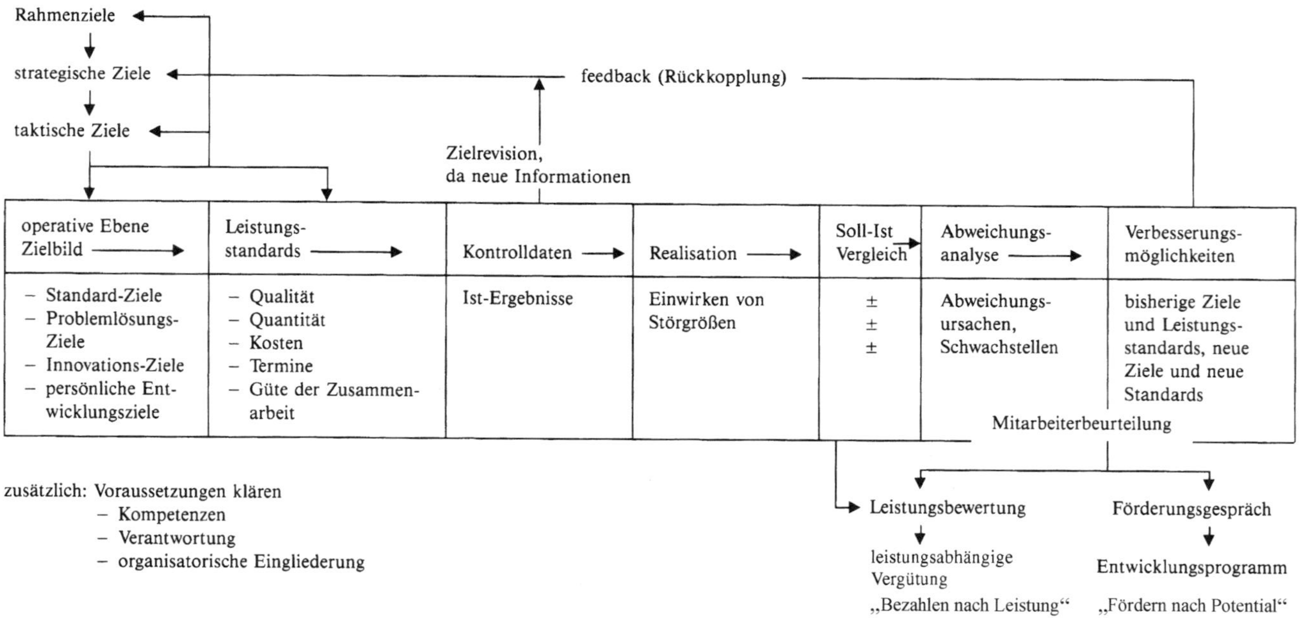

Abb. 15: Zielanalyse im Überblick

4. Welche Gesichtspunkte sind bei der Einführung von Management by Objectives zu beachten?

Vier Gesichtspunkte sind, wie die Berichte über MbO aus der Praxis zeigen, entscheidend für den Erfolg dieser Methode.

Als erstes empfiehlt es sich, daß sich alle Führungskräfte mit MbO identifizieren. So sind sie ständig durch eigenes zielorientiertes Denken und Handeln den Mitarbeitern ein Vorbild. *Beispiel:* Ein Manager befestigt ein Metermaß an seiner Bürotür. Auf die Frage eines Mitarbeiters, was das bedeutet, antwortet er: „Jetzt machen wir unsere Ziele meßbar."

Zweitens empfiehlt sich uneingeschränkte Unterstützung durch die Unternehmensleitung.

Es heißt zwar häufig, MbO sei von vornherein ein totgeborenes Kind, wenn diesen beiden Bedingungen „Identifikation" und „Unterstützung durch die Unternehmensleitung" nicht Rechnung getragen wird. Praktische Erfahrungen zeigen jedoch, daß Sie mit MbO auch im Kleinen beginnen können. Wenn es sonst niemand tut, dann fangen *Sie* eben an.

Als drittes empfiehlt sich für die Einführung von MbO im ganzen Unternehmen ein sorgfältiges und auf die spezifischen Belange des Unternehmens abgestimmtes Vorgehen. Hierfür sollte ein besonders auf MbO trainiertes Projektteam zusammengestellt werden.

Alle Schwungkraft dieses Teams muß darauf gerichtet sein, flexibel vorzugehen und nichts durchzuboxen, nicht ein für alle Mal ein absolutes System zu installieren nach dem Motto: „Jetzt wird alles anders." Widerstand richtet sich nur selten gegen sachliche oder technische Veränderungen. Widerstand resultiert weitgehend daraus, daß Mitarbeiter negative Auswirkungen befürchten: z. B. Entlassungen aufgrund einer mit MbO verbundenen Rationalisierung im Unternehmen. Daher sind vor der Einführung von MbO alle Führungskräfte und Mitarbeiter über das Verfahren, seine Vorteile und Schwierigkeiten genau und offen zu informieren. Die Anregungen aus der Diskussion sollten bei der Einführung von MbO beachtet werden.

Die erfolgreichste Methode zur Einführung von MbO ist Schulung.

Die Teilnahme an MbO darf nicht erzwungen werden. Es ist sicher, daß auch Einheiten, die zuerst kein Interesse zeigen, im Laufe der Zeit durch Erfolge anderer Einheiten neugierig werden. MbO ist kein Programm, das man verkaufen muß, denn es verkauft sich von selbst.

Das Motto lautet: „Mitarbeiter gewinnen, nicht zwingen."

Ein vierter Gesichtspunkt bei der Einführung von MbO: Es kann nicht von heute auf morgen eingeführt werden. Es ist ein Zeitraum von ca. 18 Monaten bis zu drei Jahren für das gesamte Unternehmen anzusetzen. Planen Sie für das erstmalige Vereinbaren operativer Ziele für jeden Mitarbeiter in mehre-

Abb. 16: MbO nicht einführen nach dem Motto: „Jetzt wird alles anders"
(Quelle: Klaus Pause/Cartoon-Caricature-Contor München)

ren „Trainings"-Gesprächen 5 bis 15 Stunden ein. Wenn Ihnen dieser Aufwand zu hoch erscheint, beherzigen Sie *Morgenstern:*

„Wer vom Ziel nichts weiß, wird den Weg nicht finden."

Für die Einführung von MbO empfiehlt sich also:

1. Identifikation der Führungskräfte mit dem Konzept,
2. Unterstützung durch die Unternehmensleitung,
3. flexible Planung und Information,
4. ein Zeitraum von bis zu drei Jahren für das gesamte Unternehmen bzw. 5 bis 15 Stunden für das erstmalige Vereinbaren operativer Ziele jedes Mitarbeiters.

5. Welche Vorteile bringt Management by Objectives für die Motivation des Mitarbeiters?

MbO fördert die Motivation des Mitarbeiters durch:

- Kommunikation im „Gegenstromverfahren" zwischen ihm und der Führungskraft. Das zeigt ihm: „Ich werde gebraucht".
- Vereinbarte und nicht erzwungene Ziele regen den Mitarbeiter zur Leistung an.
- Der Mitarbeiter hat mehr Handlungsfreiheit. Seine Eigeninitiative und sein Suchen nach neuen Lösungen wird entwickelt.
- Der Mitarbeiter kontrolliert sich selbstverantwortlich (reifegradspezifisch).
- Die Leistung läßt sich anhand vereinbarter Leistungsstandards und Kontrollverfahren präzise und damit gerechter bestimmen.
- Der Mitarbeiter erhält – außer Sachinformationen – Anerkennung für erfolgreiches Verfolgen und Erreichen von Zielen. Anerkennung fordert den Mitarbeiter zu weiteren Leistungen heraus. Positive Konsequenzen für erreichte Ziele üben auf den Mitarbeiter eine starke „Sogwirkung" in Richtung auf neu vereinbarte Ziele aus. Angst vor Mißerfolg, vor negativen Konsequenzen, wird weitgehend ersetzt durch Hoffnung auf Erfolg, beispielsweise Förderung. Diese wird zugleich Eignungs- und Leistungsmängel ausgleichen, die bei steigenden Anforderungen auftreten können. Erfolgserlebnisse machen den Mitarbeiter engagierter.

Leistungsmotivation durch ein richtig verstandenes und praktiziertes MbO ist daher kein „Leistungsterror". Der Mitarbeiter erreicht – abgestimmt auf die betrieblichen Ziele – das, was er selbst kann und will.

„Alles Bewirken beginnt mit dem gerichteten Denken auf das Ziel!"

III. Teil: Welche Bedeutung hat die jeweilige Situation für die Zielerreichung?

Unsere Ausführungen zu den Grundlagen der Führung (siehe Band 2, Arbeitshefte Führungspsychologie) orientieren sich an den fünf Merkmalen der Führung:

1. der Führungskraft,
2. dem Mitarbeiter,
3. der Gruppe,
4. der gemeinsamen Zielsetzung und
5. der Situation. Diese behandeln wir im folgenden.

Führungskraft, Mitarbeiter und Gruppe erreichen ihre gemeinsamen Ziele nur dann, wenn sie die jeweilige betriebliche und außerbetriebliche Situation berücksichtigen. Unternehmen und die in ihnen Tätigen stehen mit einer sich ständig ändernden Umwelt in wechselseitiger Beziehung. Unternehmen können nur dann überleben, wenn sich alle ihre Mitarbeiter den wechselnden Situationen flexibel anpassen. Führen ist insofern „situativ“.

1. Was kennzeichnet unsere heutige und künftige Situation?

Durch welche Merkmale ist nun unsere heutige und künftige Situation im Gegensatz zu früher gekennzeichnet? Hier die wichtigsten Aspekte:

Wissensexplosion und Intellektualisierung

Seit Beginn der Industrialisierung und der damit verbundenen Wissensexplosion wird der Glaube in Frage gestellt. Wissen schlägt sich immer schneller um. Dies fördert die Lebensbewältigung durch Kommunikation und Technisierung. Zugleich wird der Kopf wichtiger als die Muskeln. Die Entwicklung des Bildungswesens, der elektronischen Datenverarbeitung, der Kybernetik und das Systemdenken belegen dies. *Bill Gates* ist der reichste Mann geworden durch eine „Denk-Fabrik“ – nicht wie früher durch einen Produktionsbetrieb.

Unsichere Kontrolle der Naturfaktoren

Die Naturabhängigkeit ist zwar einerseits zurückgegangen, wie beispielsweise dadurch, daß man Epidemien eher im Griff hat, Erdbeben leichter vorhersagen kann u. ä. Andererseits sterben weiterhin Millionen Menschen an Hunger, und wir wissen noch nicht oder wollen nicht wissen, welche Konsequenzen das Waldsterben, die Luft- und Gewässerverschmutzung, das Absinken des Grundwasserspiegels, das Ozonloch und die Eingriffe der Gentechnik in die natürlichen Abläufe mit sich bringen.

Existentielle Bedrohung der Menschheit

Umweltzerstörung, politische Krisenherde, die an immer neuen Orten mit hohen Risiken aufflammen, und Waffenarsenale, die in ihrer Gesamtheit ausreichen, die Welt auf einen Schlag zu vernichten, all dies zeigt eine Situation, die in der Geschichte der Menschheit einmalig ist.

Weltweit unbewältigte wirtschaftliche Revolution

Das Bemühen um ein weltwirtschaftliches Gleichgewicht wird weiterhin große technische und soziale Probleme aufwerfen.

Internationale Verflechtungen wirken stark auf heimische Märkte. Damit unterliegt auch der Arbeitsmarkt ständigen Veränderungen. Problemlösungen für Entwicklungsländer – Geburtsstätten potentieller Krisen – werden gegenwärtiger und immer dringlicher.

Unsicherer materieller Wohlstand

In den großen Industrienationen ist – von Ausnahmen abgesehen – an die Stelle materiellen Elends im Durchschnitt Wohlstand getreten. Erbschaft ist längst nicht mehr die unabdingbare Voraussetzung für sozialen Aufstieg. Man kann es sich heute eher leisten zu entspannen. Manche verzichten auf eine Karriere als Pyramidenkletterer, ihr Antrieb in Richtung auf Leistung und Erfolg ist abgeschwächt. Die Jugend koppelt Leistung mit Spaß. Aber die Situation ist trügerisch. In vielen Ländern herrscht hohe Arbeitslosigkeit, ist das bestehende soziale Netz instabil und bedarf die Erhaltung des aktuellen Stands der Volkswirtschaft enormer Anstrengungen.

Demokratisierung

Anstelle einer Inquisition, die durch Tabus und Gebote schweigenden Gehorsam fordert, überwiegt kritikfördernde Meinungsfreiheit. Wirtschaftliche Unterdrückung infolge materieller Abhängigkeit wird zunehmend durch eine immer stärker werdende Zusammenarbeit zwischen Arbeitgeber und Arbeitnehmer abgelöst. Immer mehr Menschen möchten ihr eigenes Arbeits- und Berufsleben mitgestalten, jedoch ist der Anspruch auf Mitbestimmung in der betrieblichen Wirklichkeit noch lange nicht eingelöst.

Neben der geographischen Mobilität wächst die gesellschaftliche. Das Engagement in sozialen Organisationen, wie z. B. den Schulen, den Verbänden und in den Unternehmen, steigt an. Die einseitige Abhängigkeit der Jüngeren von den Älteren, der Frauen von den Männern, der „Untergebenen" von den „Vorgesetzten" weicht gegenseitiger Achtung und Diskussionsbereitschaft, Emanzipation und Kooperation. Äußere Autorität von „Gottes Gnaden" gilt weniger als innere Autorität. Es gibt mehr Chancen für alle, sich eine bessere Bildung anzueignen, auch wenn sie als bester Schutz gegen Arbeitslosigkeit fraglich geworden ist. All dies besagt, daß die Macht einiger weniger über viele sich verringert. Der Anteil derer wächst, die die Gesellschaft mitgestalten.

Liberalisierung

Früher gab es eine stärkere Gebundenheit an Traditionen, an die Zufriedenheit mit dem Bestehenden und den Wunsch, das von den Vorfahren Übernommene für die Nachkommen zu erhalten. Starre Konventionen und Konformismus aber sterben aus. Die Unabhängigkeit von Traditionen wird deutlich in starker Unzufriedenheit mit dem Bestehenden, in Nonkonformismus. Was den religiösen Standort betrifft, die politische Einstellung und die Partnerwahl, so sind wir liberaler geworden.

Unausgewogene Lebensbewältigung

Sie zeigt sich vor allem an drei Phänomenen:

1. Es bestehen starke Spannungen zwischen Vergangenheit und Gegenwart einerseits und Zukunft andererseits.
2. Es besteht ein Widerstreit in dem Wunsch nach Bindung und gleichzeitiger Ungebundenheit, nach Freiheit und gleichzeitiger Zugehörigkeit, zwischen Arbeit und Freizeit. Diese Spannung ist insbesondere bei der jüngeren Generation zu beobachten.
3. Die Kraft, soziale Probleme zu bewältigen, ist nicht so groß wie die Leistungsfähigkeit der Technik. Wir fliegen zum Mond, aber wir werden beispielsweise nicht mit den Problemen der Jugend und der Alten oder mit dem Problem des wachsenden Zustroms von Ausländern fertig. Wir bauen bessere Kraftfahrzeuge und wissen nicht, wie wir die zahlreichen jährlichen Verkehrstoten vermeiden können. Die Sozialwissenschaften haben einen starken Nachholbedarf gegenüber den technischen Wissenschaften.

Es zeigt sich, daß der Mensch weniger durch die Natur als durch sich selbst gefährdet ist. Mißbrauch der Technik, Umweltzerstörung, Gewaltanwendung gehören zum täglichen Leben. Die Statistiken sprechen von steigenden

Selbstmordquoten. Psychosomatische Krankheiten und Drogenabhängigkeit nehmen zu. Viele suchen Zuflucht in Sekten und spiritistischen Zirkeln.

Die acht Merkmale der gegenwärtigen, sich in die Zukunft fortsetzenden Situation sind:

1. Wissensexplosion und Intellektualisierung
2. Unsichere Kontrolle der Naturfaktoren
3. Existentielle Bedrohung der Menschheit
4. Weltweit unbewältigte industrielle Revolution
5. Unsicherer materieller Wohlstand
6. Demokratisierung
7. Liberalisierung
8. Unausgewogene Lebensbewältigung

2. Welche Konsequenzen ergeben sich aus der heutigen und künftigen Situation?

Oberstes Ziel ist die *Lebenserhaltung* und *-verbesserung* der Menschheit. Darauf müssen alle Entscheidungen gerichtet sein. Die Leitideen für die Zukunft dürfen wir nicht auf die Technik, sondern wir müssen sie auf den Menschen ausrichten. Dies erfordert, daß die Technik als Mittel zur Lebensbewältigung angesehen wird, zur Potenzierung menschlicher Kräfte. Notwendig ist, daß wir alle uns mit den gesellschaftlichen Problemen identifizieren und uns an ihrer Lösung aktiv beteiligen – nicht nur durch Kritik, sondern offen und tolerant. Nicht Drückebergerei, sondern Verantwortung zählt. Wir müssen uns immer fragen: „Was mache ich durch mein Tun oder mein Nichttun möglich und was unmöglich?" Dies erfordert die ständige Lernbereitschaft, sich wirklichkeitsnahes Wissen, d. h. praxisnahe Informationen, anzueignen. So ergibt sich, daß das Management *zunehmende soziale und ethische Verantwortung* hat.

Verstöße des Managements gegen Ethik werden in letzter Zeit – häufiger als früher – öffentlich diskutiert. Hier einige Beispiele:

- 1997 nimmt Deutschland Rangplatz 15 des „Korruptionsindex" ein.
- Ohne sich um die Abfallgesetze zu kümmern, transportierte ein 22jähriger Unternehmer innerhalb von drei Jahren 60 Tausend Tonnen gefährlicher chemischer Stoffe auf Müllkippen.
- Ein Unternehmen bekam den Auftrag, im Ausland Röhren zu verlegen. Die Verstrebung für die Gräben hätte ca. 1 Million Dollar gekostet. Gesetzliche Vorschriften für eine Verstrebung gab es nicht. Da man nur mit

Abb. 17: „Management hat soziale und ethische Verantwortung“
(Quelle: Markus Grolik/Cartoon-Caricature-Contor München)

wenigen Toten rechnen mußte und die Abfindung an die Hinterbliebenen nur 3000 Dollar betrug, wurden die Gräben nicht verstrebt. Durch Erdrutsche kamen vier Arbeiter ums Leben.

- In der Bundesrepublik ereignet sich alle 13 Sekunden ein Arbeitsunfall. Alle zwei Stunden verunglückt ein Arbeiter tödlich. Schmerzen, Leid, Berufs- und Arbeitsunfähigkeit sowie volkswirtschaftliche Verluste sind die Folgen. Die Gesamtaufwendungen der Versicherungsträger für Arbeitsunfälle und betriebliche Verluste werden jährlich auf mindestens 10 Milliarden Mark geschätzt.
- Vergehen gegen das Kartellrecht („Vitamin-Inc.“) führen zu volks- und betriebswirtschaftlichen Schäden in Höhe von Hunderten Millionen Dollar.

Solche krassen Fälle führen zu einem Klima, das Unternehmen und Managern nicht gerade wohlgesonnen ist. So schwankt denn auch das Unternehmerbild in der Öffentlichkeit.

Während für die einen der Unternehmer nach *Gerd Tacke*, dem früheren Generaldirektor von Siemens, „vom Halbgott über den Heros zum gefallenen Engel, zum Satyr und Teufel“ gesunken ist, seufzen die anderen mit *Winston Churchill:* „Manche halten den Unternehmer für einen räudigen Wolf, den man totschlagen müsse, andere meinen, er sei eine Kuh, die man ununterbrochen melken könne. Nur die wenigsten sehen in ihm ein Pferd, das den Karren zieht.“

Dies zeigt, wie notwendig es ist, nicht nur die ökonomische Rolle der Unternehmen, sondern auch ihre gesellschaftliche Rolle in die eigenen Betrachtungen einzubeziehen.

Was also ist zu tun? *Georg Winter*, Initiator des Bundesdeutschen Arbeitskreises für umweltbewußtes Management (BAUM), hat diese Frage für sein Unternehmen mit der Einführung neuer umwelt- und mitarbeiterorientierter Methoden (z. B. Errichtung des ersten deutschen baubiologischen Industriebaus, umweltorientierte Produkt- und Verfahrensentwicklung, Entsorgung und Recycling nach dem letzten Stand der Technik, umweltorientierte Mitarbeiterschulung) beantwortet, die seinem Unternehmen beachtliche ökonomische Erfolge einbrachten. Und der Bundesverband der Chemischen Industrie erklärte in seinen „Leitlinien der Chemischen Industrie“: „Wenn es die Vorsorge für Gesundheit und Umwelt erfordert, wird sie ungeachtet der wirtschaftlichen Interessen auch die Vermarktung von Produkten einschränken oder die Produktion einstellen.“ Diese und andere Anstrengungen trugen zu einer generellen Aufwertung des Unternehmerbildes in der Öffentlichkeit bei und erhöhten zugleich den Erfolg der betreffenden Unternehmen. *Winter* begründet dies u. a. so:

„Umweltorientierte Unternehmensführung bedeutet Beteiligung an einem historischen Rettungswerk zur Bewahrung oder Wiederherstellung unserer natürlichen Lebensgrundlagen. Dieser zusätzliche, über den bloßen Erwerbszweck hinausgehende Sinn der Arbeit kann im Menschen ungeahnte zusätzliche Leistungskräfte erwecken. Insofern ist umweltorientierte Unternehmensführung eine gute Voraussetzung für erfolgreiche Unternehmensführung“ (*Winter,* 1987, S. 14).

Gewinn muß ergänzt werden durch den gesellschaftlichen Nutzen des Unternehmens. Es kommt immer darauf an, wie Gewinn erzielt wird: auf Kosten der Gesellschaft oder zu ihrem Nutzen. Daher müssen Unternehmen alle Möglichkeiten ausschöpfen, bei denen sich ökonomische und gesellschaftliche Forderungen nicht ausschließen. Durch Arbeitsbereicherung beispielsweise steigt nachweislich nicht nur das Engagement der Mitarbeiter, sondern – infolge der daraus resultierenden geringeren Fluktuation, einem geringeren Krankenstand und besserer Qualität der Arbeit und damit der Produkte – auch die Produktivität. Auf solche Weise zeigen Unternehmen ihre sozialökonomische Bereitschaft, den wirtschaftlichen und sozialen Fortschritt aktiv mitzugestalten.

Effizienz und *Humanität* sind *gleichberechtigte Grundlagen* für Führungsentscheidungen. Organisationen auf den Menschen auszurichten, ist nicht nur eine Forderung von Utopisten, sondern das Gebot der Stunde. Erst dann wird das Unternehmen so sein, wie *Peter Drucker* es in seinem 1946 erschienenen Buch „Concept of the Corporation“ beschreibt: das „Symbol eines sozialen Beispiels; nicht das Durchschnittliche, sondern das Repräsentative“.

IV. Teil: Zusammenfassung

1. Führen heißt, einen Mitarbeiter bzw. eine Gruppe unter Berücksichtigung der jeweiligen Situation auf gemeinsame Werte und Ziele hin zu beeinflussen. Die gemeinsame Zielsetzung von Unternehmen und Mitarbeitern lautet: „Leistung und Engagement".

2. Leistung setzt eindeutige Ziele voraus. Nur mit ihrer Hilfe können zielgerichtete Maßnahmen optimal geplant, entschieden, realisiert und kontrolliert werden. Leistung setzt weiterhin zufriedene Mitarbeiter voraus. Zufriedenheit ist aber nur zu erreichen, wenn Unternehmen und Mitarbeiter gemeinsame Ziele haben. Ziele nehmen also eine zentrale Rolle im Führungsprozeß ein.

3. Gemeinsame Ziele kommen mit Hilfe der Methode „Management by Objectives", also „Führen durch Zielvereinbarung" zustande.

4. Management by Objectives (MbO) bedeutet nicht aufgabenorientierte, sondern ziel- und ergebnisorientierte Unternehmensführung. MbO ist also zukunftsorientiert, eine Methode, mit der Führungskräfte und Mitarbeiter gemeinsame Ziele erarbeiten, diese durch Leistungsstandards präzisieren und die entsprechenden Kontrollverfahren festlegen.

5. Führungskraft und Mitarbeiter gehen gemeinsam die folgenden drei Schritte:
   1. Schritt: Vereinbaren von Zielen
   2. Schritt: Vereinbaren von Leistungsstandards
   3. Schritt: Vereinbaren von Kontrollverfahren

6. Es gibt:
   1. Rahmenziele
   2. strategische Ziele
   3. taktische Ziele
   4. operative Ziele

7. Prüfen Sie bitte, ob in Ihrem Unternehmen die folgenden zehn Fragen zur Unternehmensphilosophie beantwortet sind:
   (1) Was macht unser Unternehmen eigentlich wertvoll und damit unverwechselbar?
   (2) Welches Marktinteresse soll wie befriedigt werden?
   (3) Welches Verhältnis soll zur Belegschaft bestehen?
   (4) Welches Verhältnis zu unseren Lieferanten wollen wir pflegen?
   (5) Wie wollen wir dem Interesse der Öffentlichkeit am Unternehmen genügen?

(6) Wie verhalten wir uns gegenüber Staat und speziell Fiskus?
(7) Wieweit lassen wir unseren Gläubigern in kritischen finanziellen Situationen Warnsignale zukommen?
(8) Was tun wir, um das Interesse der Gesellschafter, der Aktionäre an ihren Einlagen zu sichern?
(9) Wie wollen wir mit den Gewerkschaften zusammenarbeiten?
(10) Wollen wir kurzfristig hohe Gewinne machen, oder wollen wir Gewinn vorrangig deshalb erzielen, um langfristig gut zu überleben?
(11) Haben alle Rahmenziele die gleiche Chance?

8. Es werden vier Arten operativer Ziele vereinbart:
(1) Standardziele
(2) Problemlösungsziele
(3) Innovations- und kreative Ziele
(4) persönliche Entwicklungsziele

9. Jeder Mitarbeiter beantwortet sich dazu selbst und seiner Führungskraft die folgenden sechs Fragen:
(1) Welche persönlichen Ziele und Erwartungen habe ich?
(2) Welche davon möchte ich in meiner jetzigen Tätigkeit verwirklichen?
(3) Wie, glaube ich, werden sich meine Ziele und Erwartungen mit der Zeit ändern?
(4) Welches sind die betrieblichen Ziele?
(5) Wie werden meine Ziele durch die betrieblichen Ziele beeinflußt?
(6) Wie können die Unternehmensziele und meine persönlichen Ziele aufeinander abgestimmt werden?

10. Leistungsstandards prazisieren Ziele so, daß klar ist, wie gut etwas getan werden soll (Qualität, Quantität, Kosten, Termine, Güte der Zusammenarbeit).
Prüfen Sie daher: Sind meine Ziele
(1) präzise formuliert?
(2) terminbezogen?
(3) quantifiziert bzw., wenn dies nicht möglich ist, wenigstens qualitativ bestimmt oder als Aktion beschrieben?
(4) durch Ober- und Untergrenzen bestimmt?
(5) integriert?
(6) widerspruchsfrei?
(7) realistisch?
(8) bezüglich der Zielerfüllung beurteilbar?

11. Kontrollverfahren dienen zur Feststellung, ob und inwieweit die Ziele erreicht worden sind.

12. Für die Einführung von „Management by Objectives“ empfiehlt sich:
    (1) Identifikation der Führungskräfte mit dem Konzept
    (2) Unterstützung durch die Unternehmensleitung
    (3) flexible Planung und Information
    (4) Ein Zeitraum von bis zu drei Jahren für das gesamte Unternehmen bzw. 5 bis 15 Stunden für das erstmalige Vereinbaren operativer Ziele mit jedem Mitarbeiter

13. „Management by Objectives“ fördert die Motivation des Mitarbeiters durch:
    - Kommunikation im „Gegenstromverfahren“
    - vereinbarte Ziele, die zur Leistung anregen
    - größere Handlungsfreiheit
    - selbstverantwortliche Kontrolle
    - präzise und damit als gerecht empfundene Leistungsmessung
    - Anerkennung von Erfolgen

    „Management by Objectives“ hilft, die Ziele des Unternehmens wie auch die persönlichen Ziele des Mitarbeiters zu verwirklichen. Lokomotion und Kohäsion stehen in einem ausgewogenen Verhältnis.

14. Es gibt acht Merkmale der heutigen und künftigen Situation:
    (1) Wissensexplosion und Intellektualisierung
    (2) Unsichere Kontrolle der Naturfaktoren
    (3) Existentielle Bedrohung der Menschheit
    (4) Weltweit unbewältigte industrielle Revolution
    (5) Unsicherer materieller Wohlstand
    (6) Demokratisierung
    (7) Liberalisierung
    (8) Unausgewogene Lebensbewältigung

15. Es ergibt sich, daß Organisationen – stärker als bisher – auf den Menschen auszurichten sind.

V. Teil: Checkliste zur Selbstkontrolle

	Bemerkungen/ Forderungen
1. Welche der folgenden Management-Techniken habe ich in meinem Führungsbereich schon eingeführt? – Management by Objectives – Management by Delegation – Management by Exception	
2. Sind mir die Grundzüge des Management by-Systems und des Modells des Regelkreises klar?	
3. Wieweit ist mir der Zusammenhang zwischen den Management-Techniken deutlich?	
4. Welche Anregungen haben mir die bisherigen Ausführungen gegeben?	
5. Welche Elemente der genannten Management-Techniken lassen sich in meinem Bereich realisieren?	
6. Wie werden Führungskräfte und Kollegen solchen Veränderungen voraussichtlich gegenüberstehen?	
7. Wie kann ich möglichen Widerständen von außerhalb begegnen?	
8. Wo sehe ich bei der Durchführung von einzelnen Management-Techniken bei mir selbst Schwächen?	
9. Wo habe ich selbst Widerstände gegen die Management-Techniken?	
10. Welche Identifikationsschwierigkeiten habe ich?	
11. Welche Unterstützung benötige ich von meinen Führungskräften und Mitarbeitern, um diese Techniken in meinem Bereich einzuführen?	
12. Was muß ich tun, um die einzelnen Techniken in meinem Bereich einzuführen?	
13. Welche Voraussetzungen muß ich schaffen, um die Bereitschaft und die Reife meiner Mitarbeiter für die Durchführung der neuen Techniken zu erhöhen?	
14. Wie lautet die Kernaussage der Philosophie meines Unternehmens?	

	Bemerkungen/ Forderungen
15. Was sind die Unternehmensstrategien?	
16. Bin ich mir über die aktuelle Zielsetzung in meinem Führungsbereich im klaren und mit meinem Chef, meinen Kollegen und meinen Mitarbeitern darüber einig?	
17. Habe ich für jeden meiner Mitarbeiter Standardziele, Problemlösungsziele, Innovationsziele und persönliche Entwicklungsziele vereinbart?	
18. Habe ich meine Mitarbeiter angeregt, sich selbst Gedanken über die Ziele ihres Tätigkeitsbereich zu machen?	
19. Habe ich nicht mehr als sieben Ziele vereinbart?	
20. Nehme ich Aufgaben wahr, für die ich keine Ziele nennen kann?	
21. Sind alle Ziele durch Leistungsstandards präzisiert? Sind meine Ziele: – präzise formuliert? – terminbezogen? – quantifiziert bzw. qualitativ oder als Aktion beschrieben? – durch Ober- und Untergrenzen bestimmt? – integriert? – widerspruchsfrei? – realistisch? – bezüglich der Zielerfüllung beurteilbar?	
22. Habe ich die Art und die Termine der Kontrolle mit dem Mitarbeiter vereinbart?	
23. Sind Kontrollverfahren mit dem Mitarbeiter vereinbart, mit Hilfe derer er sich weitgehend selbst kontrollieren kann?	
24. Lasse ich der Selbstkontrolle des Mitarbeiters reifegradspezifisch Raum?	
25. Nutze ich Kontrolle mehr dazu, positives Verhalten zu verstärken, als negative Abweichungen festzustellen?	

	Bemerkungen/ Forderungen
26. Wieweit führe ich reifegradspezifisch Fortschrittsbesprechungen durch, um den Grad der Zielerfüllung festzuhalten, die Abweichungen vom Ziel zu präzisieren und die Ursachen für diese Abweichungen zu analysieren? 27. Welche Möglichkeiten zur Verstärkung der Selbstkontrolle bei mir und den Mitarbeitern habe ich? 28. Wieweit prüfe ich meine Ziele laufend auf ihre Wertschöpfung? 29. Welches sind die aktuellen und potentiellen Anforderungen aus der veränderten Situation an das Unternehmen? Welche Ziele ergeben sich daraus? 30. Wieweit habe ich das Zielsystem auf vorhandene und potentielle Konflikte hin überprüft und bereinigt? 31. Sind die Zielbereiche, Verantwortungsbereiche und Befugnisse meiner Mitarbeiter genau abgestimmt? 32. Habe ich klar getrennt zwischen Führungs- und Handlungsverantwortung? 33. Bin ich selbst bereit, nicht dauernd in die Zielbereiche der Mitarbeiter hineinzuregieren? 34. Haben meine Mitarbeiter die Qualifikation für ihre Ziele? 35. Habe ich Informationsrechte und -pflichten in meinem Führungsbereich vereinbart? 36. Schiebe ich nur Arbeit ab, oder delegiere ich wirklich? 37. Habe ich Ausnahmefälle in Form von Toleranzbereichen vereinbart? 38. Habe ich ein gutes Informationssystem für die Messung von Ausnahmefällen? 39. Wieweit kann ich meine persönlichen und beruflichen Zielsetzungen durch entsprechende Beiträge zu den Unternehmenszielsetzungen verwirklichen? 40. Was werde ich an künftigen Zielvereinbarungen verbessern?	

Literaturverzeichnis

Bennis, W./ Nanus, B.	Führungskräfte. Die vier Schlüsselstrategien erfolgreichen Führens, 5. Auflage, Frankfurt/M. 1992
Berendt, R. F.	Tugenden für die technische Welt, in: Briefe der Führungsakademie der Deutschen Bundespost, erschienen in den IBM-Nachrichten
DeMarco, T.	Der Termin. Ein Roman über Projektmanagement, München 1998
Drucker Foundation	Organisation der Zukunft, Düsseldorf 1998
Goldratt, E. M./ Cox, J.	Das Ziel – Höchstleistung in der Fertigung, 2. Auflage, Hamburg 1995
Heinen, E.	Industriebetriebslehre, 9. Auflage, Wiesbaden 1991
Höhn, R.	Stellenbeschreibung und Führungsanweisung, 10. Auflage, Bad Harzburg 1979
Humble, J. W.	Ziele setzen, Gewinne steigern, München 1969
Iacocca, L.	Mein amerikanischer Traum, 3. Auflage, Düsseldorf 1989
Jaquith, D.	Standards of Performance, Leistungsnormen und Leistungsabsprachen, Übersetzung aus dem Amerikanischen, management centre/europe
Knebel, H./ Schneider, H.	Führungsgrundsätze. Leitlinien für die Einführung und praktische Umsetzung, 2. Auflage, Heidelberg 1994
Koslowski, P.	Prinzipien der Ethischen Ökonomie. Grundlagen der Wirtschaftsethik und der auf die Ökonomie bezogenen Ethik, Tübingen 1988
Mann, R.	Das ganzheitliche Unternehmen, 6. Auflage, Stuttgart 1995
Odiorne, G. S.	Management by Objectives, München 1973
Schmidt, W.	Verantwortung übernehmen im Betrieb, Heidelberg 1992

Stroebe, R. W. — Faltblatt „Führen durch Zielvereinbarung“
Faltblatt „Führung“
Faltblatt „Konflikt-Management“ (mit Prof. Dr. K. Berkel)
Faltblatt „Motivation“
Broschüre „Unternehmerisch denken und handeln“
Karikaturenbuch „Brich Dein Labyrinth auf!“
Karikaturenbuch „Balance“ (Bilder und Texte für Nachdenklich-Selbstkritische I und II)
Management know how compact – interaktives Lernen mit CD-ROM
zu bestellen bei: Irmgard Stroebe, Kuckuckstr. 47, 82237 Wörthsee, Tel. 08153/7685, Fax 08153/89403
http://www.manager-training.de
e-mail: stroebe@manager-training.de

Waterman, R. H. — Leistung durch Innovation. Strategien zur unternehmerischen Zukunftssicherung, Hamburg 1988

Winter, G. — Das umweltbewußte Unternehmen. Ein Handbuch der Betriebsökologie mit 22 Check-Listen für die Praxis, 5. Auflage, München 1993

Zur Person des Verfassers:

Dr. Rainer W. Stroebe

Studium der (Wirtschafts-)Psychologie.

Danach Leiter der Aus- und Fortbildung eines süddeutschen Großunternehmens.

(Thema der Dissertation: „Programmierte Unterweisung im Ausbildungssystem des Industriebetriebes.“)

Seit 1970 selbständig mit den Schwerpunkten:

- Management-Training
- Persönlichkeitsentwicklung
- Organisationsentwicklung
- Ausbildung von Management-Trainern

Veröffentlichungen im I. H. Sauer-Verlag zu Kernthemen des Management-Trainings. (Bände 2–9 der Arbeitshefte zur Führungspsychologie.)

Herausgabe von Arbeitsmaterialien für Führungskräfte (z. B. Faltblätter, CD-ROM, Karikaturenbücher) im Selbst-Verlag, Kuckuckstr. 47,
82237 Wörthsee, Tel. 0 81 53/76 85, Fax 0 81 53/8 94 03,
http://manager-training.de, e-mail: stroebe@manager-training.de